工业互联网创新实战

技术、产业融合、案例分析全案

王迎帅　编著◎

电子工业出版社·

Publishing House of Electronics Industry

北京·BEIJING

内 容 简 介

本书紧扣时代主题，对工业互联网的发展给出了预见性的答案，这种预见性的答案虽然并不能保证绝对精确，但是足以给读者启发。

本书详细讲述了与工业互联网相关的各项内容，一共有 13 章。首先，论述工业互联网的发展背景和相关概念；其次，简述工业互联网发展中不可或缺的技术，例如，大数据、云计算、5G、人工智能等；再次，为读者解释工业互联网如何影响日常生活和行业变革；最后，解读未来 10年工业互联网的发展趋势。

本书站在读者的角度，详细阐述工业互联网的理论知识和应用案例。可以说，本书是一本不可多得的实战书，其内容处于时代的前端，是行业人员提升自身能力的必备工具。

未经许可，不得以任何方式复制或抄袭本书之部分或全部内容。
版权所有，侵权必究。

图书在版编目（CIP）数据

工业互联网创新实战：技术、产业融合、案例分析全案 / 王迎帅编著. —北京：电子工业出版社，2021.5

ISBN 978-7-121-41191-5

Ⅰ.①工… Ⅱ.①王… Ⅲ.①互联网络—应用—工业发展—研究 Ⅳ.①F403-39

中国版本图书馆 CIP 数据核字（2021）第 093749 号

责任编辑：刘志红（lzhmails@phei.com.cn）　　　特约编辑：李　姣
印　　刷：涿州市般润文化传播有限公司
装　　订：涿州市般润文化传播有限公司
出版发行：电子工业出版社
　　　　　北京市海淀区万寿路 173 信箱　邮编　100036
开　　本：720×1 000　1/16　印张：15　字数：212.2 千字
版　　次：2021 年 5 月第 1 版
印　　次：2024 年 2 月第 3 次印刷
定　　价：89.00 元

凡所购买电子工业出版社图书有缺损问题，请向购买书店调换。若书店售缺，请与本社发行部联系，联系及邮购电话：(010) 88254888，88258888。

质量投诉请发邮件至 zlts@phei.com.cn，盗版侵权举报请发邮件至 dbqq@phei.com.cn。

本书咨询联系方式：(010) 88254479，lzhmails@phei.com.cn。

前　言

PREFACE

　　试着想象一下这样的场景：只要有照片，就可以知道自己适合什么发型；汽车可以当天设计、当天生产，第二天顾客就可以开上新汽车；医生对着手机把患者的情况说出来，手机便可以将其准确无误地转换为文字，形成电子病历；闲置的能源可以被自由出售和配置……

　　上述场景在工业互联网时代都有可能成为现实。如今，为行业和领域赋能已经成为工业互联网的主要目标之一，同时，这也是工业互联网所具备的颠覆性力量。为什么工业互联网可以促进变革？这是由以大数据、云计算、5G 和人工智能为重点的时代趋势所决定的。

　　简单来说，工业互联网相当于工业 4.0 的升级版，其核心是打造人、机、物全面互联的新型网络基础设施。在数字化、网络化、智能化、自动化成为必然趋势的当下，工业互联网将引发新的技术革命，同时还会带动实体经济与传统企业的转型升级。

　　我国一直是工业互联网的追随者，同时也是最可能改变世界格局的潜力股。这是因为我国具备非常坚定的实现工业互联网的决心，并且拥有中国制造强国战略与"一带一路"倡议的双向驱动力。此外，我国企业也在积极布局工业互联网。例如，坚守狼性精神的实力派——华为，以"自杀重生，他杀淘汰"为宗旨的硬汉派——海尔等。

未来，我国的工业互联网版图必定与众不同，开头所描述的场景也不会变成没有根据的胡乱猜测。总而言之，在时空维度的作用下，工业互联网将拥有颠覆世界的力量，可以成为时代的爆点，因此任何一个企业都不能掉队。

对于工业互联网及其应用，很多人都没有足够的认识和了解。在这样的形势下，《工业互联网创新实战：技术、产业融合、案例分析全案》应运而生。本书融合了笔者的知识储备与实践经验，比较完整地还原了与工业互联网相关的技术、产业融合及案例。

毋庸置疑，本书深入揭示了工业互联网的本质，将会为企业转型升级做出积极的贡献。而且对于读者而言，本书具有非常重要的研究意义和参考价值。在本书中，不仅有对经典案例的详细分析，还有图片和表格，可谓图文并茂。

通过阅读本书，读者可以充分感受到工业互联网在现代社会中的强大作用。对于技术人员、企业管理者、相关专业学生、政府人员，以及对工业互联网和新技术感兴趣的人群来说，本书是一本不可多得的实战秘籍，同时也是提升能力的必备指南。

目　录

CONTENTS

第 **2** 章 工业互联网与新价值、新盈利

第 3 章　工业互联网平台建设与推广

第 4 章 工业互联网与大数据、云计算

第 5 章 工业互联网与 5G、人工智能

第 7 章 数字工厂：工业互联网的经典落地场景

第 8 章 智慧电厂：工业互联网与电力的碰撞

第 9 章 智慧医疗：工业互联网+医疗=创新

第 12 章　智慧钢铁：工业互联网"进驻"钢铁行业

第 13 章　展望未来：洞悉 10 年后的工业互联网

第 **1** 章

工业互联网：开启新的革命

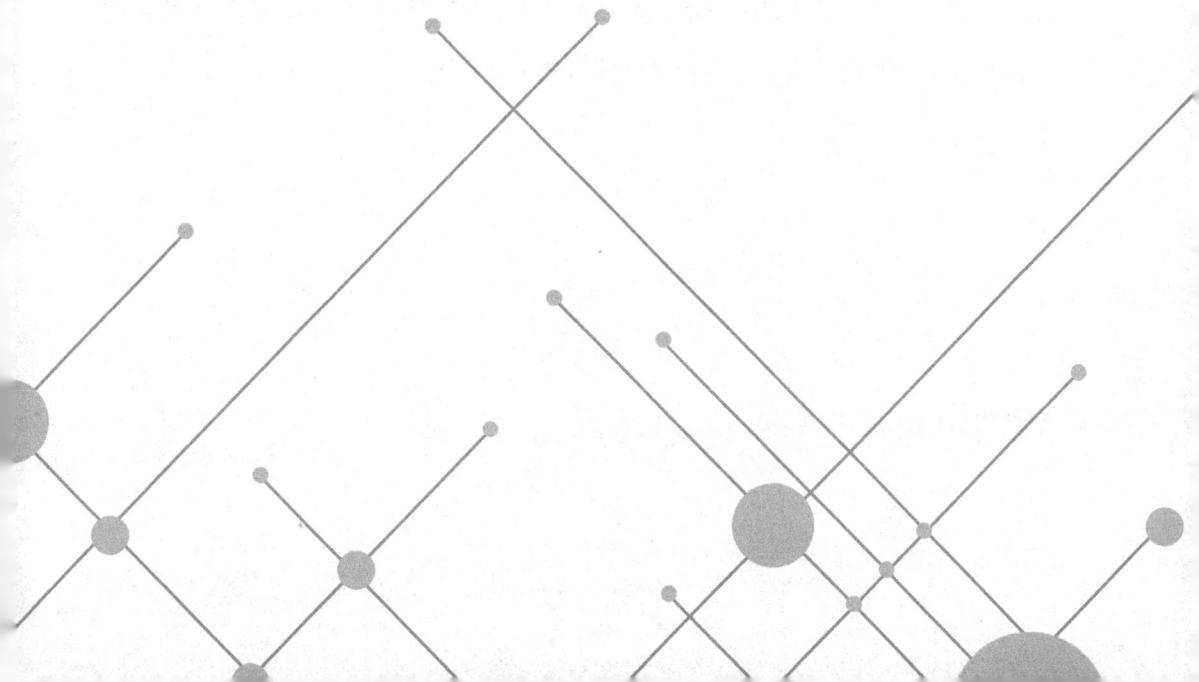

在过去二十多年里，互联网带来的变革是关乎世界经济、社会的深刻变革。在万物互联的时代，互联网革命已然到达了下半场，开启了新的工业革命时期。

　　工业互联网就是新工业革命的基石。工业互联网主要由网络、平台、安全三部分构成。它以互联网为基础，是互联网发展的新兴领域，是在互联网基础之上面向实体经济应用的进化升级。

　　我国由于重视科技的发展和具备丰富的资源，所以工业互联网在我国拥有广阔的发展空间。但在新工业革命发展时期，智能化才是该领域最大的挑战。

　　未来，新工业革命考察的是制造业的数字洞察能力，企业将实现智能化控制和管理，为推动制造企业智能化转型奠定新基础。

1.1 工业互联网发展背景

现阶段，全球正经历着新一轮的产业变革，制造业再一次成为全球经济发展的焦点。世界各国都采取了重大举措来推动制造业的转型升级：美国将重点放在了实施先进制造战略和发展工业互联网；德国依靠雄厚的自动化基础，推进工业 4.0；日、韩等国推出了制造业振兴计划。虽然各国战略不同，但核心都是通过构建新型生产方式来推动传统制造业的转型升级、重塑本国优势。

与此同时，数字经济也正在加速传统产业的变革。互联网技术的发展极大地改变了人们的生活方式，构建了新的产业体系，其技术和模式的不断渗透同样影响实体经济，为传统产业变革带来巨大机遇。伴随制造业变革与数字经济的交汇，云计算、物联网、大数据等信息技术与制造业技术的不断融合，工业互联网平台应运而生。

1.1.1 技术升级激发创新潜能

随着人口红利的减弱、实体经济空心化等不利因素的出现，我国传统工业体系与制造业数字化转型需求的矛盾加剧。我国制造业要想发展，必须从低端走向高端，从高产量向高质量发展。

在一次工业互联网创新发展论坛上，一名企业高管曾经提道："工业互联网是制造业转型升级的重要抓手，对企业而言，工业互联网的商业模式尤为重要。"制造业对国家和企业的发展意义重大，制造业发达的国家，其经济也会强大。

目前，我国制造业的发展大而不强。在全球范围内，我国进入世界 500 强的企业数量很多，但是具备核心竞争力的企业却很少。要想解决这个问题，使我国制造业获得高质量发展，工业互联网将起到巨大作用。一是利用物联网技术融合信息技术架构；二是利用云计算、大数据技术处理海量的工业数据；三是基于云计算平台解决信息的传递沟通；四是通过数据建模、人工智能等技术实现工业知识的整合复用。

建设工业互联网的目的是将新型通信技术与现代工业技术相结合，把全球的制造业推向新的发展高度。虽然目前关于此领域提到最多的是公有云，但因我国企业的安全体系并不健全，存在很大安全隐患，而且企业基础设施不完善，所以公有云难以满足企业对工业数据实时可靠的需求。

我国要想发展工业互联网，就要创新商业模式，即提供"私有云+解决方案"的模式。以江苏徐工信息技术股份有限公司为例，它作为我国最早致力于工业互联网应用的企业，已经搭建了一个最懂制造、最有价值、最广泛连接的工业互联网平台。

在搭建工业互联网过程中，徐工信息有一条最重要的建设思路，就是万物互联，如图 1-1 所示。平台需要打通 IT 和 OT，通过物联网连接工业设备、产品等，将产业实物数字化，构建 CPS（Cyber-Physical Systems，信息物理系统）来推动工业企业运作机理的改变。徐工信息利用工业互联网的先进技术，对设备和产品实行监测、控制、优化智能，将整个产业链打通后利用工业互联网平台做深度的引领。

图 1-1　万物互联

所以，在新一代信息通信技术的支持下，我国工业互联网未来一定大有可为。

1.1.2　尚未终结的摩尔定律

摩尔定律是由戈登·摩尔（Gordon Moore）提出的，他是美国互联网巨头英特尔的创始人之一。摩尔定律的本意是当价格不变时，集成电路上可容纳元器件的数目，约每隔两年便会增加一倍，性能也将提升一倍。简而言之，一美元所能买到的计算机性能，将每隔两年翻一倍。这一定律主要揭示的是信息技术进步的速度。尽管目前的趋势确实按照摩尔定律发展并且持续多年，它依然应该被认为是一个推测，而不是一个法则。

在一次世界互联网大会中，关于"大连接时代下移动互联网的创新与变革"讨论，三一集团董事梁在中表示："互联网的发展将从消费互联网转向工业互联网，为推动我国制造业转型升级、换道超车，创造更智能、更强大的工业文明提供强大的动力。"

人们对互联网并不陌生，但工业互联网离充分利用还相差很远。当前，在机器的使用、维护和升级过程中，蕴含着巨大的增量经济。在工业互联网的驱动下，机器的价值增值将得到充分挖掘。

在大数据时代，数字化和万物互联将对环境科学、各类专业工人和工业带来巨大影响。当前，消费互联网已经发展得非常成熟，它会延伸到工业领域，机器设备将会被数字化。在摩尔定律的作用下，被数字化的产业规模都将呈指数级增长。在未来，工业产业的发展速度会越来越快。

1.1.3 国家竞争力展现全新内涵

工业互联网作为新通信技术与制造业深度融合的产物，已成为全球新一轮工业革命的突破点，所以各个国家都高度重视工业互联网的发展。

我国作为拥有庞大的信息化、数字化市场的互联网大国，传统行业的信息化改造及数字化智能升级的步伐也在不断加快。未来企业上云、设备上云等范围将越来越广，工业计算需求将呈指数级增长。

2019 年 3 月，我国首次将工业互联网写入政府工作报告，提出要推动我国制造业高质量发展，打造工业互联网平台，拓展"智能+"，为制造业转型升级赋能。该政策的颁布，表明了工业互联网技术发展的必要性。

强大的计算能力是任何国家都想获得的能力，它是国家竞争力的集中体现。从新能源、新材料的开发，到高端国际防御设备、生物基因、卫星通信、遥感技术等诸多创新领域，都需要算力做基础。同样，我国要想使经济得到快速发展，也需要走将提升算力的新技术与实体产业融合的道路，重构产业生态系统，打造新的商业模式。

2020 年，我国抗击疫情的成功，离不开一系列包括线上防控、远程医疗等众多新业态、新模式的帮助，体现出了"云与数"的结合是支撑商业模式创新的重要力量。算力即权力，拥有超级算力的企业或国家，将有机会整合产业资源，构建产业生态，培育竞争优势。

1.1.4 政策红利不断释放

从目前的全球经济环境来看，工业互联网将成为各国制造业的竞争点。我国的目标是从制造大国的阶段迈向制造强国，但目前我国的传统制造业面临三个难题，如图 1-2 所示。

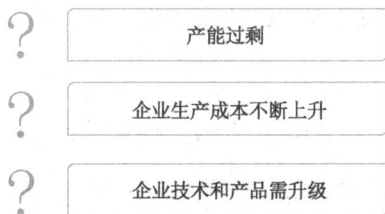

产能过剩

企业生产成本不断上升

企业技术和产品需升级

图 1-2　我国传统制造业面临的难题

为破解这三个难题，我国领导人借鉴了美国、德国工业发展的经验，充分了解了制造业要想快速发展需要与互联网深度融合的有效路径。为此，政府不断释放红利政策为工业互联网的快速发展保驾护航。下面分析了近几年我国政府释放红利的文件内容。

自 2016 年以来，我国政府越来越重视工业互联网的发展。2016 年颁布了《国务院关于积极推进"互联网+"行动的指导意见》，该文件提出了我国需要充分推动互联网与制造业融合，提升传统制造业数字化、网络化、智能化水平，加强产业链之间的协作与发展。

2017 年又继续出台了《关于深化制造业与互联网融合发展的指导意见》，该文件提出应充分发挥"互联网+"的能力，培育我国制造业新的经济增长点，加快推动中国制造质量与效率的提高，实现从工业大国向工业强国迈进。

2018 年，国务院正式发布《关于深化"互联网+先进制造业"发展工业互联网的指导意见》，该文件的核心内容是加强先进制造业产业供给能力，为提升我国工业互联网发展助力。这需要我国科研人员进一步推进"互联网+"，形成网络与实体经济相互促进、同步提升的良好格局。

2019 年，中华人民共和国工业和信息化部公示了当年工业互联网创新发展工程拟支持项目名单，体现了工业互联网发展的紧迫性。至此，工业互联网从纸面的意见和政策开始向具体实施计划转变，标志着我国工业互联网发展迈入了新的历史征程。

以上一系列政策的出台和落实表示，我国制造业发展的首要方向是推进工业互联网的建设。随着我国政策红利的不断释放及整体行业的向好趋势，工业互联网进入新的发展阶段，国内的优秀企业也快速崛起。

我国工业互联网的发展方向虽已明确，但如何在现有的基础上实现扎实稳健的发展更为重要，尤其是如何向高质量迈进，考验着政府和整个市场。

1.2 工业互联网五大浪潮

工业互联网的本质是企业通过建立工业互联网平台，把产业中的类似传感器、机械设施、产品、用户等紧密连接起来。利用 5G、物联网、人工智能等新兴技术，通过系统对工业数据进行深度计算、存储、实时传输等，实现生产优化和智能控制，重铸工业生产力。

工业种类多样、工况复杂，在产品制造过程中，其对安全性和准确性都有极高的要求。传统的数据分析和实时建模相对封闭独立，不能产生量变效应，与互联网的发展特征相结合后，工业的流程架构和生产方式都将发生变革，并将为市场带来各种浪潮。

1.2.1 第一大浪潮：智能生产

近几年，在国家红利政策的推动下，制造业的经济情况与技术水平都在提升。制造产业的复苏将继续推动新的工业革命和科技革命的持续进行。但在人们对物质的需求不断提高、人力成本不断上涨及上游材料成本不断增加等背景下，企业的盈利难度与以前相比较也在不断提升。

这种现状驱使工业企业不断向智能生产改进，所以企业需要进行工业转型，智能生产便是下一个工业制造的浪潮。智能生产更是致力于实现整个制造业价值链的智能化，而工业互联网则是实现智能制造的关键基础设施。

1.2.2 第二大浪潮：智能设备与系统

现阶段，我国工业互联网技术仍处于初等水平。大多数平台都是"设备互联+分析"或"业务系统互联+分析"的组合。但随着技术的不断提高，在未来大环境的压力下，工业互联网可以在物联全互通的基础上实现复杂的分析，从而不断优化整合工业管理流程，创新组织和商业发展模式。

从目前发展现状来看，将来的制造业会因为工业互联网技术的加持，加强智能设备与系统的完善。该项技术还能加强企业、产品间的互联，进而实现网络化协同和服务的延伸，并在端对端准确对接的基础上满足个性化定制的要求。

智能化的定义是整个生产系统的智能化，而不只是设备或生产线的智能化。企业可以通过布置传感器装置，利用无线通信技术来搭建工业云平台，从生产到管理形成完整对接，工厂可以实现全流程采集，并对数据加以分析和应用。由此，工业互联网技术便能有效推动传统制造型工厂向智能化工厂的转型发展。

如今，工业互联网革命已然开始。在过去的二十年里，互联网技术已经应用于工业生产过程中，并且随着工业互联网的不断发展，其相关产业也将得到快速发展。由此我们可以得出的结论是工业互联网是实现智能化系统的基础。

未来，当整个制造业都处于转型的过程中，优先完成的工厂一定会获得更多的优势。到时，智能化无人工厂也将不再是人们脑海里的幻想，工业互联网与智能化的结合将帮助工厂更快地向着这个方向迈进。

1.2.3　第三大浪潮：生产服务化

当制造业的生产过程与生产系统智能化，那么作为工业产品的成品，需要的是生产服务化。从目前已经设计出来的产品来看，如智能手环、智能自行车、智能跑鞋等智能硬件都是利用的该思路。换言之，就是把产品作为一个数据采集端，不断地采集用户的数据并上传到云端，方便用户进行管理。

德国和美国在工业智能转型上的核心分歧之一是应该先做智能工厂，还是先做智能产品。德国倾向于前者，而美国倾向于后者。我国善于运用中庸之道，所以提出了一个理念就是做"工厂+产品"，也就是前文所说的生产服务化。

当智能产品不断地采集客户端的数据上传给服务端时，这就使一种新的商业模式成为可能，即向服务收费。以西门子为例，该企业早就提出了"向服务收费"的政策。当这项政策初次被提出时，很多人都觉得不理解。但是现在从工业互联网的思维来看，这是西门子在若干年前就已经开始为工业 4.0 的生产服务化所做的布局。

以实际生活为例，假如西门子生产一台汽车的发动机，这台发动机在运行过程中，会不断把数据传回工厂，这样西门子就知道这台机器所有的运行状况，以及了解它什么时候需要检修。对于以前的车主来讲，没有这样完备的技术支持，只能凭借自己的感觉定期去维护和保养车子。目前，一部分西门子生产的发动机，可以告知消费者什么时候需要养护，但这项告知服务需要付费。

1.2.4　第四大浪潮：云工厂

当工厂的自动化与信息化进一步深入融合时，另一种新的商业模式也由此发展出来，即云工厂。

当工厂里的设备几乎都是自动化或智能化时，各个工厂将不断地采集自己的数据并上传到工业互联网。这样我们就可以看到，哪些工厂的哪些生产线正在满负荷运转，哪些工厂的哪些生产线是有空闲的。这些存在空闲的工厂，就可以出售自己的生产能力，为其他需要的人进行生产。

互联网行业发展速度快的一大原因是便利，因为创业者不需要购买服务器，而是直接租用云端服务器，他们要做的只是专注于产品和模式的创新。但对于工业型初创企业来说，不管是自建工厂还是找 OEM 代工，都极大地限制了工业领域的快速发展。当实现云工厂时，我国的工业领域将会出现一个比互联网领域大很多倍的创新和创业浪潮，那个时候整个社会都将被改变。

1.2.5 第五大浪潮：跨界打击

目前，由于互联网发展的速度极快，很多业内人士都在谈论互联网行业降维打击传统行业的话题。但当工业 4.0 发展完备时，工业企业的跨界打击将比这些互联网企业猛烈百倍。这将从根本上撼动现代经济学和管理学的根基，重塑整个商业社会。

以一个生产手表的厂商为例，消费者购买的智能手表可以每天采集他的身体数据，这些数据对于手表厂商也许没有太大用处，但对于保险公司来说就是"金库"。这个时候，生产该手表的厂商也许能凭借这些数据成为最好的保险公司。

整个工业 4.0 的发展过程，就是信息技术与智能化不断融合的过程，也是用互联网重新定义工业的过程。当我们的生活被自动化和信息化包围时，跨界竞争将会成为一种常态，所有的商业模式都将被重塑。

在未来，多元化将在虚拟世界成为现实。一切都基于数据被精确地控制着，人类的大部分简单的体力劳动和脑力劳动都将被机器和人工智能所取代，而当下的经济学原理将不再适用。

1.3　工业互联网及其相关概念

近几年，全球工业互联网的浪潮兴起，逐渐开发出各种工业互联网平台和工业软件。随着制造业的热潮迭起，从工业 4.0 到智能制造，从工业物联网到工业云，都成为人们口中的盛谈。

面对这些热潮，下面我们将解读工业互联网的概念及其相关术语之间的关系。希望能够帮助观望中的从业者们客观、理性地看待当前的工业互联网浪潮，找到应用的突破口。

1.3.1　工业 4.0 VS 工业互联网

所谓工业 4.0，是基于工业发展的不同阶段作出的划分，如图 1-3 所示。按照目前人们达成的共识，工业 1.0 是蒸汽机时代；工业 2.0 是电气化时代；工业 3.0 是信息化时代；工业 4.0 则是利用信息化技术促进产业变革的时代，也就是智能化时代。

图 1-3　工业 4.0

工业 4.0 的核心智能化，帮助制造业预设了一个充满科技感的未来，并成功在全球引发了一场工业革命和产业升级。下面我们分析工业 4.0 和工业互联网的相同点与不同点。

1. 工业 4.0 与工业互联网的相同点

（1）从推动力量来看，两者都以大企业为主导。工业 4.0 是由德国工程院、西门子公司等联合发起的，经由德国政府纳入《德国 2020 高科技战略》，成为国家十大未来项目之一。工业互联网是由美国通用电气公司发起的，并由通用电气、思科、AT&T、IBM 和英特尔成立工业互联网联盟进行推广的。

由于这两大战略都是由企业首先发起的，而企业正好具备足够的内在力量去宣传、推广和落实，因此这两种战略目前的市场亲和度较高，在推行的过程中都得到了业界的广泛认可与欢迎。

（2）从发展目标来看，两者的核心都是打造智能化生产体系。数字化与智能化已经成为制造业发展的首要方向。工业互联网和工业 4.0 都不约而同地提出利用智能化技术改造当前的生产模式，用来提高企业的生产效率，提高产品、服务的市场竞争力。

其中，工业 4.0 提出，要把信息互联技术与传统工业制造相结合，打造"智能工厂"与"智能生产"，以提高资源利用率。工业互联网则提出，要将工业与互联网在研发设计、制造、营销、服务等各个阶段进行充分融合，以提高整个系统的运行效率。

（3）从战略基础来看，两大战略的基础都是依托互联网、物联网与大数据实现的。这两种战略在进行实时的数据收集、传输和反馈时，也需要依托于互联网。工业 4.0 提出通过融合信息网络与工业生产系统打造数字工厂，来改变当前的工业生产与服务模式。工业互联网则是要将带有传感器的设备与其他机器或人连接起来，从中提取数据并进行深入分析，挖掘生产或服务系统在提高性能、质量等方面的潜力，实现系统资源效率的提升与优化。

2. 工业 4.0 与工业互联网的不同点

（1）两者在产业链环节中的侧重点不同。工业 4.0 立足于"智能工厂"与"智能生产"两大主题，偏重于生产与制造过程，旨在推进生产模式由集中化控制向分散式增强型控制的转变，实现高度灵活的个性化和智能数字化的生产或服务。工业互联网则主要发展全球化的工业网络，在智能生产体系中偏重于设计、服务环节，注重物联网、互联网、大数据等对生产设备管理与服务性能的改善。

（2）两者在生产过程和生产设备的侧重点不同。工业 4.0 重视生产过程的智能化，工业互联网则更偏向于生产设备。工业 4.0 为实现生产系统的有机整合，重视产品与设备之间、工厂与工厂之间的横向集成。工业互联网为提高生产过程的智能化水平，则更注重整合全行业的信息资源，提高设备的安全性与可靠性，降低损耗与维护费用，同时减少生产过程中的人力需求。

1.3.2　工业物联网 VS 工业互联网

容易与工业互联网混淆的概念是工业物联网（见图 1-4），它可以被定义为："计算机、机器和人使用业务转型所取得的先进的数据分析成果来实现智能化的工业操作。"在工业互联网的大背景下，工业物联网成为制造业数字化转型的重要一步，是连接全球产品数据分析必不可少的功能。

物联网中最大的组成部分是工业物联网。虽然从应用角度来看，目前物联网最大的应用领域是消费者应用，但工业物联网的应用从两年前就已经开始了。由于工业物联网的要素过多，其推行和发展与消费物联网相比还不完善，所以现如今各个国家依然更重视工业物联网在整个物联网的应用图景中的改进与发展。

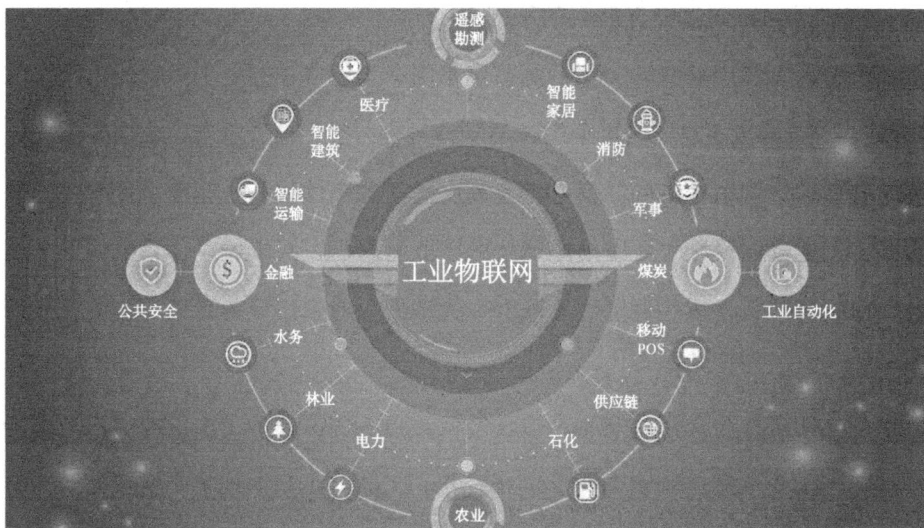

图 1-4　工业物联网

　　了解了工业物联网的概念后，下面将分析它与工业互联网的关系。工业物联网简单意义上指的是物联网在工业中的应用。而工业互联网的概念实际上与国际中的万物互联（将人、事物、流程和数据结合在一起，使网络连接变得更加密切）理念有相似之处，相当于是工业企业的万物互联。所以工业互联网实则涵盖了工业物联网，且进一步延伸到了企业的信息系统、业务流程和人员。

1.3.3　新制造 VS 工业互联网

　　新制造的定义是，通过物联网技术采集数据，再通过算法处理形成个性化的智能生产链，以实现传统制造业的转型升级。这个概念是由阿里巴巴集团董事局主席马云首次提出的。马云还表示，新制造不同于传统的标准化制造，它讲究的是用智能化、个性化和定制化的数据来支持工业的发展。

未来，由于大数据、云计算和人工智能的发展，新制造将使整个行业彻底改革。所以制造业必须学会依托于互联网，而不是一味地保持传统。通常打败一个企业的不是竞争对手，而是时代。制造业的未来将不会存在中国制造、美国制造，而是互联网制造。

现阶段人们可以感受到整个零售行业变革速度的迅猛。随之而来的，是新制造的巨大变革，而新制造发展的速度会越来越快。也许在今后的10～15年，新制造就能重新定义制造业，传统制造业如果不进行改革，将会运营得非常困难。相比传统制造业，新制造能够更合理地分配闲置生产资源，提高生产效率。同样，它也能够更准确地把握客户特性与偏好，以便满足不同客户的需求，扩大盈利规模。

所以新制造的概念与工业互联网也有不同之处。前者致力于提升制造效率，后者主要是为工业系统服务，是新制造和服务的延伸。新制造影响着工业互联网服务，反之，工业互联网所传达的应用效果，也在优化新制造的研发。由此可见，制造业企业可以通过工业平台，借助工业互联网，提供定制化服务，走向云发展。新制造的基础是工业互联网，二者将为打造新的工业生态共同发力。

1.3.4　消费互联网 VS 工业互联网

现阶段，人们的生活离不开互联网的支持，如移动支付、交通出行、互联网金融等。但在企业领域，也就是消费领域，我国的互联网进程相对于西方而言稍有落后。下面将分析消费互联网与工业互联网的具体关系。

1. 工厂现有业务模式

目前，全球工业企业里通常会存在两大部门：一是生产部门，通过 MES（Manufacturing Execution System，制造执行系统）进行管理；二是业务部门，通过 ERP（Enterprise Resource Planning，企业资源计划）进行管理。前者倾向于生产过程的控制，后者更倾向于财务信息的管理。简而言之，ERP 主要负责管理客户订单数量、订单起止时间等，MES 主要负责监控和管理这些订单的每道工序的完整实现，如图 1-5 所示。

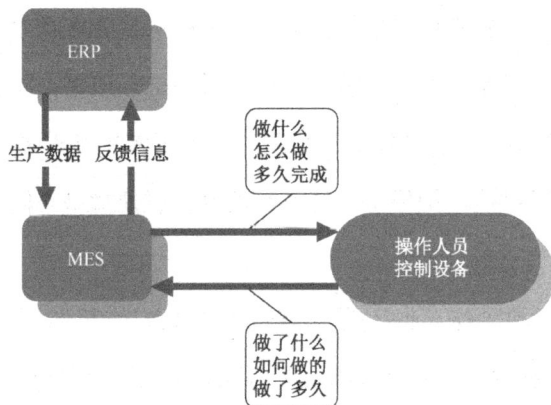

图 1-5　MES 部门与 ERP 部门的关系

目前，在很多工厂车间里，通过工业互联网的应用，车间各部分生产设备基本已经实现了连通。在更大型的工厂里，车间还会通过制造执行系统（MES）连通起来，而业务部门也会全部通过 ERP 连通。

2. 解决生产信息断层问题

在实际生产过程中，企业 ERP 和 MES 两个系统的偏差会越来越大。所以为了应对这个问题，领导们通常会定期把 MES 的调整问题递交给业务部门，然后再由业务部门根据问题在 ERP 中做出更改和调整。这项问题只是工厂内系统断层问题的缩影，事实上工厂里还有非常多的其他系统，如设计、采购、办公等。由于这些部门都是相对独立的，所以当其中一个部门出现了特殊情况，其他部门是无法立即做出相应调整的，这就会耽误生产效率。

工业互联网的存在可以解决各个部门互相独立的问题。由于整个工厂都用数据连接起来，一旦某个节点出现特殊情况，其他部门也会马上感知，从而提高企业效率。

以上两点内容就是消费互联网与工业互联网之间的关系。在大数据时代里，工厂必须了解大部分客户的需求，必须有一个完整的系统才能有强大的企业竞争力，才会实现企业的发展战略目标。

1.4　工业互联网三大技术要素

工业互联网依靠三大体系做支撑，即计算机网络、软件开发平台和安全。其中，计算机网络体系是基础，软件开发平台体系是核心，安全体系是保障。

当对工业互联网进行更深层次的分析时，我们就会发现其本质是用数据和模型来提供服务。服务内容包括协同设计、生产优化、质量检测、运营决策等生产的全生命周期管理步骤。所以下面将介绍当工业与互联网融合时，需要注意的三种关键要素。

1.4.1　无处不在的超级计算机终端

企业要想在工业互联网领域拥有健康持续的发展，需要具备强大的技术基础。超级计算终端就是新的智能化设备，它是由传感器、芯片及强大的分布式计算能力所支撑的，为企业提供了坚实的技术支持。

随着以微软公司为代表的科技公司的崛起，高新技术企业正在取代传统的PC时代的龙头企业的位置。例如，可穿戴设备、带芯片的衣服等产品将成为人们所熟悉的物理世界的新成员，而这些产品的核心都是有一个强大的芯片。

摩尔定律所定义的规则正在被超级智能终端慢慢打破。摩尔定律在过去将近五十年的时间里，依然没有看到尽头。随着科学技术与通信设备的无限拓展，可以预测，未来每一个智能终端都拥有强大的计算能力和寻址能力，所以物联网时代的两个关键技术要素已经具备了。

最近超级计算终端技术标准出现，它同样可以被划分到物联网领域。美国通用电气公司正在推出工业操作系统 Predix，该系统得到了很多本土传统企业的支持与参与。我国华为公司也推出了 LiteOS 系统，想借此进入物联网领域。这些尖端科技公司在这一方面的布局，正是希望未来可以在高新技术领域抢占更多的市场份额。

1.4.2　软件定义机器

在经济市场中，第二类独立组件基础被称为软件定义机器。所谓软件定义机器就是超级计算终端和现阶段的各种工业设备的整合。未来的趋势就是软件相对于硬件来讲更为重要，软件将定义硬件和机器。由此软件定义机器产生的数据和方法论，将主要用于生产的智能化领域，这个领域将会涉及大量高新技术。

在苹果公司发布了 iPhone 之后，软件定义机器才在制造工业被相关人士注意到。因为在这之前，传统的手机是由厂家设定功能的。但苹果公司推出的手机的功能是由用户自定义下载软件来设定的，这就给大量的工厂型企业带来了启发。也正因如此，在当时正处于王者地位的诺基亚手机被迅速拉下台。而代表新的产业思维，用软件定义硬件带来新的功能和功能创新的苹果公司后来居上赢得了胜利。

软件定义硬件在不久的将来，一定会从电子产品领域进入到工业生产中，这是目前形势与环境带给人们的预测。理由很充分，因为现如今硬件产品和机械设备同质化严重，竞争力不足，而真正能够取得差异化优势的是软件；并且由于互联网技术的成熟，软件产品更加容易开发与维护。所以，在这种大背景下，工厂端就能根据消费者需要更快速推出和升级产品，而消费者也能利用这样的优势获得高效又价格低廉的服务和产品。

1.4.3　系统与数据安全

随着我国工业互联网快速健全的发展，在目前全球开放互联的网络环境下，信息安全保障尤为重要。进入到大数据时代，网络安全问题已扩展到影响工业生产安全乃至国家安全的范围。

在网络环境如此开放的今天，网络病毒也更加容易传播与扩散。过去的网络病毒也许只能控制一台电脑，如今可能会控制一家工厂，甚至一个区域。这更加体现了数据系统安全在工业互联网时代的重要性。现阶段的工业互联网安全主要包含两层含义，一是系统安全，二是数据安全。

在系统安全层面，我国工业互联网的信息安全保障能力有待加强。工业控制系统安全、工业网络安全、工业信息安全保障等都面临着严重的挑战。在数据安全层面，目前我国尚未对数据安全进行立法，行业里通行的安全承诺也只是以君子协议的方式存在，主要依靠行业的自律机制来保障，缺乏强制性监督。

可以说，安全才能保障工业互联网真正的发展。希望今后我国可以通过白名单机制引导一些大型工业互联网平台服务商先迈出这一步，逐步健全对数据安全的监管机制，直至将来通过数据立法。

1.5　工业互联网带来"三新"

现代世界唯一不变的就是变化，企业一定要紧跟时代的变化才能不被时代所抛弃。我国人口红利逐渐消失，劳动力将变成稀缺资源，昂贵的人力成本正改变着我国整个工业和制造业的生态环境。因此，自动化、智能化、高集成化的工业互联网是企业新的发展方向，传统制造业的生态系统将面临颠覆。

当前，在物联网、人工智能、大数据等新一代信息技术与先进制造技术深度融合的背景下，工业互联网将会给我们的生活带来各种新的机遇与发展。

1.5.1　新基础设施：变革传统产业链

世界局势瞬息万变，当前，工业互联网的发展推动了新一轮科技革命和产业变革的加速，带来了传统产业链的变革，增加了新的基础设施。

在此关键时期，全球主要国家经济矛盾逐渐加深，各国之间的贸易往来环境也日渐复杂。因此，围绕产业链主导权的竞争也更加激烈，国际贸易分工体系面临严峻的局势。在此形势下，对产业链的控制将成为各国竞争的焦点。贸易战的实质在一定程度上就是对产业链，特别是高价值制造业产业链控制权的争夺。

经过了七十多年的努力，我国从一个落后的农业国建设成为全球第一制造业大国，并拥有目前世界上最完整的工业体系。但我国制造业"大而不强"的问题依然严峻：核心材料和技术依然存在不足，新基础设施水平相对落后，全球范围内的产业控制力和制造业话语权仍然有待提升。因此国家需尽全力打造高价值的制造业产业链，以推动国民经济高速、高质量发展，确保制造工业的安全乃至国家整体经济的安全。

工业互联网对提升制造业产业链的发展水平影响重大。作为新一代信息技术与制造业深度融合的产物，工业互联网可以通过构建可信度高、覆盖面广的新型网络设施，来实现工业经济全要素、产业链、价值链的全面连接，支撑服务制造业智能化转型，重塑工业生产制造和服务体系。

因此，应加快工业互联网创新发展，通过深化其在制造业的渗透应用，支撑制造业完善产业链建设，补齐核心关键技术短板，持续推动我国向全球制造业产业链中高端迈进。

1.5.2 新生态：新零售+新发展路径

5G 时代的到来，推动了零售行业的变革。从生产到供应链，全链的数字化为传统零售行业带来很大的机遇与压力。下面将从企业经营的商品、流量、资产、数据及企业的生态经营角度，分析在工业互联网的技术支持下，新零售的发展路径。

工业互联网技术的到来需要企业重建经营理念。现在已经不再以产品为王了，用户才是眼下增强企业竞争力的核心。企业需要满足用户的需求，提供极致的体验与服务，以提升用户的忠诚度与黏性。

新零售典型的建设路线大概有几类，以目前发展不错的企业为例，知名女装品牌妖精的口袋就是走的从线下到线上再到全渠道融合的道路，实现了销量翻倍；小米手机却从刚开始的线上经营，再转战线下。所以线下线上到全域的数字化营销，再到新零售，是很多企业实践的路径。

无论企业选择线上还是线下发展，在大环境的倒逼下，最终都将走向数字化产业链融合。还有一些零售龙头企业的品牌商，如沃尔玛、宝洁等，都是从线下的业务向线上发展，最终围绕着消费者做到产业链融合。

1.5.3 新消费：C2M、C2B 引领未来

C2M 的出现意味着社会生产力将产生重大变革。它是一种新型电子商务的商业模式，主要特性是实现厂家定制化生产，连接消费者与制造商，满足消费者的定制需求。它依赖的是庞大的算力系统可以保证随时进行数据交换。在国家供给侧结构性改革的政策扶持下，C2M 必将实现更为广泛的工业场景应用。

消费者对于 C2B 并不陌生，目前有许多电商平台都是基于此概念产生的。与之相比，C2M 的产品个性化和点对点服务更为深入。在产品个性化方面，C2B 时代的消费者大多通过平台发起的活动参与定制，调查特定群体的喜好，最后批量生产；而 C2M 的个性化是让消费者和厂家对接，消费者通过平台提交产品需求，最终的产品也是依照消费者的个性化需求产出。

在点对点销售方面，C2B 已经将销售环节优化至只有消费者、平台和制造商，但 C2M 更彻底地略过了中间所有环节，直接建立了消费者和制造商的连

接。C2M顺应了当前人们的消费趋势，缩短了整个产业生态链。互联网时代，消费者越来越注重效率，而中间环节就是阻碍效率提高的一大因素。

C2M模式拥有高度智能化运营。从供应链层面看，将产品的控制权交给消费者，对制造商的供应链整合能力要求很高，从设计、生产到交付都优化到极致，才能满足消费者的需求。

现阶段，C2M模式虽主要应用于制造业，但其应用领域正在逐步扩大。其中，服装和汽车两大行业已经发展出一定的规模和雏形。例如，服装行业的锐奇股份，该企业运用互联网技术，构建了消费者与制造商面对面的定制平台，在快速收集消费者个性化需求数据的同时，运用大数据和云计算技术，将大量分散的消费者需求数据转变成生产数据。

近些年，我国汽车行业也加快了C2M的推进。例如，长安汽车研发的电商平台——长安商城。长安商城建立的目的是实现客户需求、在线交易、产销协同的高度一体化，保证各个环节的服务质量到位，以此来满足消费者逐渐提高的消费需求，同时增加企业自身的竞争力。

1.6 工业互联网不同赛道

必须明确的是，不管是德国工业4.0，还是中国制造强国战略，其核心都是面向新一代产业革命的国家制造业的转型升级，都是为了在新阶段占领智能生产的先机，成为新时代的制造强国。

尽管各国战略的思考角度、解决方案和各领域的侧重点各不相同，但都是以实现全面数字智能化的核心理念为基础。基于各国当前的制造业发展现状、经济实力和科研能力的不同，各国要走的道路也各有不同。

1.6.1　美国：主推先进制造，建立联盟

自美国通用电气、国际商业机器公司等龙头企业主导的工业互联网联盟成立以来，它们的动向一直是其他国家工业互联网发展的风向标。在发展策略上，美国注重创新发展，以其为强大驱动力发挥美国互联网发达的优势，利用新兴技术"自上而下"地升级本土制造业。

首先，美国政府坚持实施再工业化战略。国际金融危机后，美国意识到长远发展制造业的重要性，进而出台了各项政策措施。美国政府先后颁布了"先进制造业伙伴计划""国家制造业创新网络"等，旨在通过技术创新改革，使本土工业再次提高竞争力；并通过新的成果引领和改造其他产业，推动产业优化升级，加速第四次工业革命进程。

其次，美国龙头企业带动工业互联网发展。通用电气作为美国传统制造业的巨头，率先意识到数字化转型的重要性，于早年推出了 Predix 工业互联网平台，大力推动工业互联网发展。此外，美国 ThingWorx 平台还被多家研究型公司评为"2018 年全球工业互联网市场技术领导者"，已成为全球应用最广泛的工业互联网平台之一。

最后，美国积极打造工业互联网发展生态。由五家大型龙头企业组成的工业互联网联盟初创了美国工业互联网生态体系，极大地推动了美国乃至全球工业互联网技术的应用与发展。目前，工业互联网联盟已有来自全球近三百家成员单位，致力于开展测试验证、标准制定、国际合作等工业互联网生态建设。

1.6.2　日本：发展数字化工业

日本的发展战略是推进"互联数字化工业"，他们的目的是将劳动力、设备、系统、技术等要素充分连接起来，以创造新的价值来解决相关的社会问题。

在早年间，全球出现了一场泡沫经济灾难，但日本制造业却在去泡沫经济的影响下取得了良好的成绩，这与日本普遍的企业精神分不开。在精神文化因素的引导下，日本制造具有匠人精神。日本制造业的雇员是终身制，员工与企业的命运紧密地联系在一起，使得员工的经验能够在企业内部积累、运用和传承。日本各大企业之间还有极具本国特色的合作文化，如在丰田、三菱等企业间，拥有一个完整的产业链上的企业集群，企业之间保持长期合作，并且互相帮助对方进行改善和提升。

因此，对于日本来讲，企业最重要的价值在于员工。日本企业对员工的信任远远胜于对机器的信任。他们所有的自动化或智能化建设也都是以人为核心的。所以，日本在数字化转型的过程中同样面临着许多挑战。例如，由于数据积累的不足，会使得他们在数字化革命过程中比其他国家稍迟一步。另外，日本工业企业保守的文化会造成软件和 IT 技术人才的缺失。

1.6.3　德国：围绕工业 4.0 做扩充

德国政府率先提出工业 4.0，前面已对工业 4.0 做出了详尽的定义。此战略提出的目的是保持德国在全球工业方面的主导地位，并加深他们在新工业革命中的竞争优势。

德国工业 4.0 主要分为以下三大重点。

首先是"智能工厂"。在工业 4.0 中，核心内容是建设智能工厂。他们充分分析研究了智能化生产系统及其过程，来实现网络化分布式生产设施的制造与搭建。

其次是"智能生产"。这个项目主要涉及制造行业的生产物流管理、机械设备及互联网技术在工业生产过程中的应用。该计划特别注重中小企业的参与，希望中小企业能成为新一代智能化生产技术的受益者，同时也成为先进工业生产技术的创造者和供应者。

最后是"智能物流"。这一重点是整个发展战略的基础，要打造智能物流，德国制造业通常会整合物流资源，再通过充分利用现有物流资源来提高供应商的工作效率，以保障需求方能够快速获得物流服务。

1.6.4　中国：坚持制造强国战略

早在 2015 年，中华人民共和国国务院就正式提出了实施中国制造强国战略。该战略实施的目的是在实现完全工业化的进程中，大力打造先进制造业和绿色生产技术，避免"过早去工业化"。由此可见中国政府的前瞻性与预见性。

下面分析在全球都想在新工业革命中抢占先机时，中国战略的具体内容与目标。从布局上看，实施中国制造强国战略搭建了"一二三四五五十"的总体结构。

"一"，指一个战略目标。中国要从制造业大国向制造业强国转变，最终实现制造业强国的目标。

"二"，指实现战略目标必须通过两化融合。第十八届全国人民代表大会曾提出过要用信息化和工业化的深度融合来引领中国制造业的快速发展。

"三"，指发展的"三步走"战略。在中国，十年是一个发展阶段，通过三十年左右的时间，来完成中国从制造业大国向制造业强国转变的伟大目标。

"四"，指要遵从"四项原则"。第一项原则是制造业要由政府引导与市场主导；第二项原则是既要扎实根基又要有长远眼光；第三项原则是全面推进要关注重点；第四项原则是独立发展和加深合作共赢。

"五五"，指两个"五"。第一个是"五条方针"，即创新驱动、质量为先、绿色发展、结构优化和人才为本；第二个是实行"五大工程"，包括制造业创新中心建设的工程、工业强基工程、智能制造工程、绿色制造工程和高端装备创新工程。

"十"，指"十大领域"。其包括新一代信息技术产业、高档数控机床和机器人、航空航天装备、海洋工程装备及高技术船舶、节能与新能源汽车、先进轨道交通装备、农机装备、电力装备、新材料、生物医药及高性能医疗器械等十个重点领域。

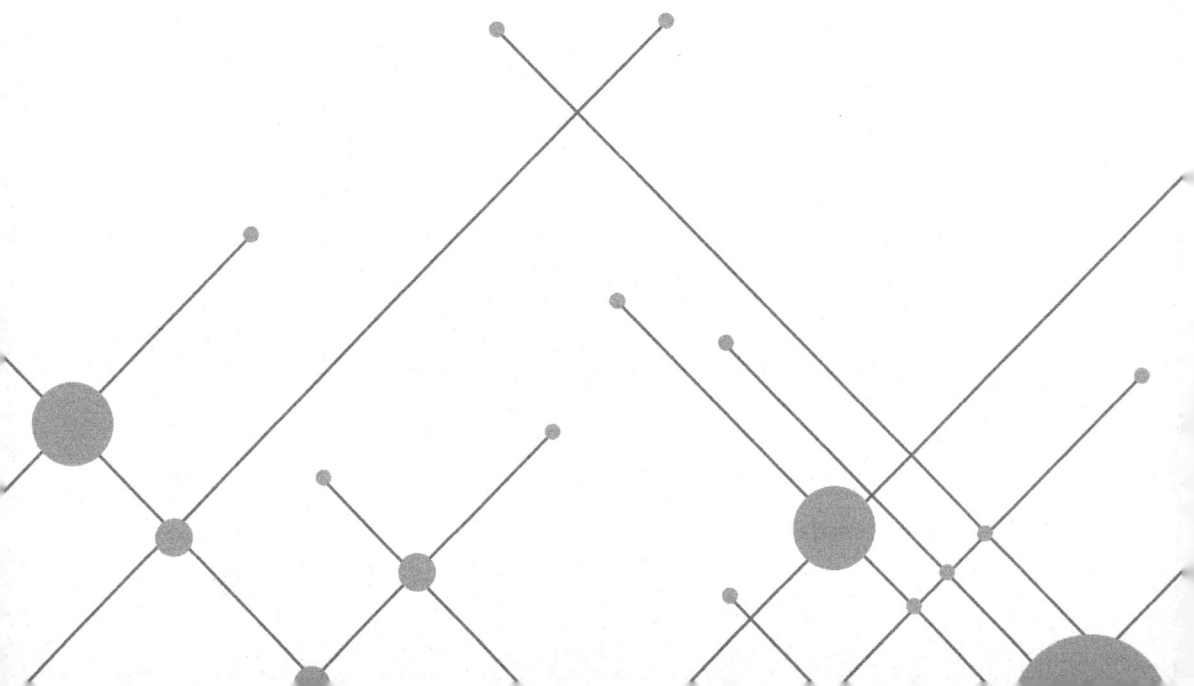

第 **2** 章

工业互联网与新价值、新盈利

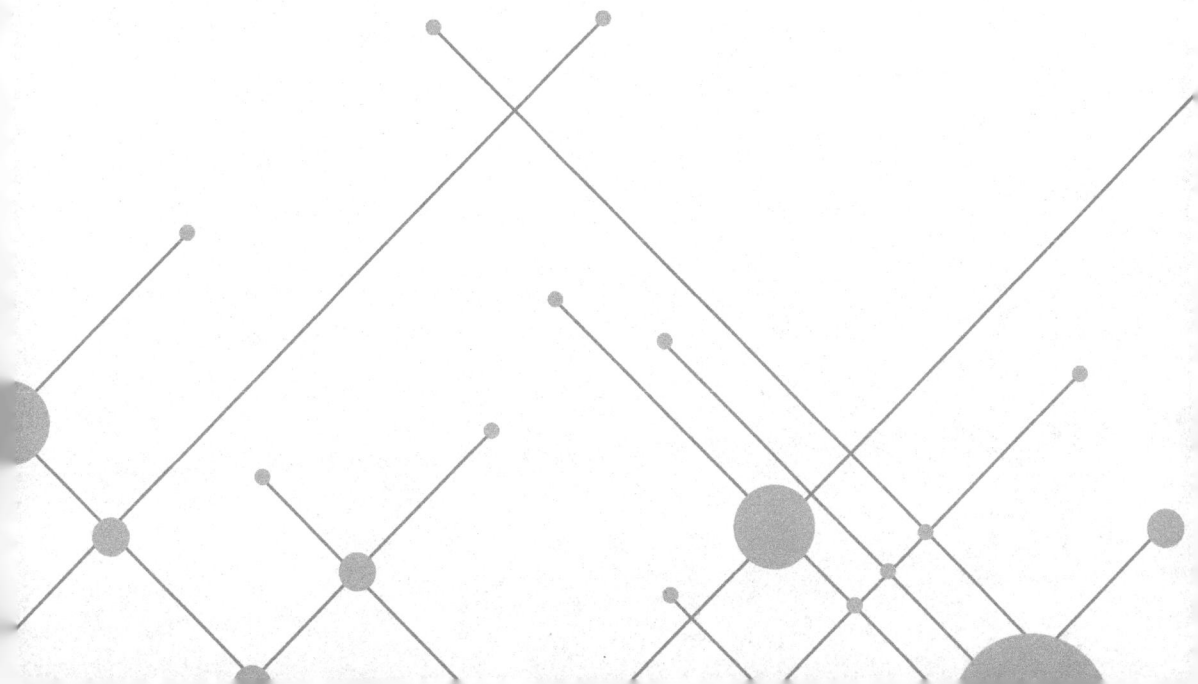

我国工业互联网正处于高速发展的进程中，各种管理模式也将会作出变革。政府政策和企业创新发展将会推动工业互联网市场的可持续发展。未来我国工业互联网的发展更关键、难度更大的原因在于企业必须要进行管理变革。

　　管理变革将从新价值创造、新盈利模式和新商业模式入手。希望在未来，我国企业能够立足现实，从既有价值走向预测价值，从硬件收入走向生态收入，从自上而下走向自下而上，不断积累制造领域的知识，开启未来发展的"第二曲线"。

2.1　新价值：既有价值与预测价值

工业互联网改变了人们的生产方式，全球行业尖端制造型企业纷纷投入大量资金进行技术研发和实践应用。在这种市场环境下，国内很多企业领导者已经意识到了工业互联网是大势所趋。但目前多家企业踌躇不前是由于工业互联网虽然看起来值得进入，但未来的切实价值却难以保证。其实，工业互联网并不神秘，它所带来的改变和价值可以清晰直观地被看到。

2.1.1　产学研用金协同推进

前面曾提到，工业互联网被列为新型基础设施，政策也在不断释放红利。这些红利将进一步汇聚成产学研用金，为产业数字化转型提供持续动力。

产学研用金的用处主要有以下三方面。

（1）打通金融链。其扩大了工业互联网融合技术领域的投资机会，吸引了社会资本大量涌入，有效带动了整体行业的快速发展。

（2）打通产业链。其提高了工业互联网企业的参与度，进一步提升了参与企业的积极性和主动性，加快了工业互联网的落地。

（3）打通科技链。其加大了对工业互联网技术研发的投入，加快了工业互联网网络、平台、安全等环节的关键核心技术的突破。

2.1.2　"锄头"和"锄地"

当前企业家们的另一个顾虑在工业互联网应用层面上，即没有将"锄头"和"锄地"的问题辨别清晰。工业互联网的"锄头"通常是指高端先进的数据、算法和模型。一般企业都将注意力更多聚焦在"锄头"上，把"锄头"等同于"锄地"本身。

实际存在的问题是，"锄头"存在的价值是用来"锄地"的。是不是高端、先进等不应该成为决策者们对数据、算法等本身做出的判断。决策者们应该重视的是在工业互联网的加持下，企业的数据、算法和模型等是不是能更高效、更便利地"锄地"，是不是以前无法"锄"的"地"，现在能"锄"了。

从管理层面来看，尤其是企业战略管理层面通常存在一个显著的问题——工业互联网在发展和应用上创造的新价值是什么？而这个问题是使用高端、先进这些"形容词"无法回答的，关键还在"锄地"上。

2.1.3　有形要素与无形要素的连接

新型商业的价值观是有形要素和无形要素的融合。区别于传统制造业，工业互联网发展具备网络、数据和安全三大要素。传统制造业更多聚焦于有形要素上，如原材料、设备、检测和维护等。工业互联网在传统有形要素的基础上，还关注数据收集、网络连接、机理模型等无形要素。有形要素和无形要素的连接，决定了"新价值"创造的可能性。

实际上，对于新价值的创造不能单方面认为是新要素的增加，而应是无形要素和有形要素的有机融合。因为工业互联网呈现的是一个数字和物理融合的世界，新价值需要在"新商业价值观"下来看待。

新价值对于传统制造业而言，是在有形要素条件下，制造商将生产出的产品或服务再传递给消费者，这种价值称为既有价值，更多是 M2C 的过程。所以，大规模制造、大规模分销的模式最适合这种价值的创造。

新价值在工业互联网的应用，很多服务在与消费者交流互动的过程中就提供了。这不仅拉近了商家与消费者之间的距离，还缩短了商家内部研发、制造和市场之间的距离，从而使商家为消费者提供预测价值成为可能。

在现实生活中，这种价值的创造主要由网络化协同、个性化定制等多种模式实现。目前，工业互联网应用场景中占比最高的是性能监控类，几乎占全部应用场景的四分之一；其次是设备维护类，大约占比在 30%。预测性价值创造体现了互联网对空间约束的突破。

2.2 新盈利：硬件效益与软件效益

互联网的特性使它偏向于客户端，而工业互联网则由于更强调提供特定场景的个性化服务，更偏向于企业端。工业互联网的商业价值体现在个性化实施，并最终向通用化能力延伸。

建设工业互联网平台的企业也在积极探寻更多盈利模式。从整体来看，工业互联网时代在人才、机器、物联网三者连接之下，其盈利模式更多地输出在创新与实践当中。

2.2.1　出售硬件设备和产品

新的盈利模式离不开传统打下的基础。传统制造业主要是通过出售硬件产品和设备的方式来盈利。在产品的整个生命周期过程中，伴随着消费者的使用，产品和设备会逐渐老化并出现一定的故障，这时企业可以通过提供售后服务再获取一定的收入。最后，一直到产品和设备度过整个生命周期，再形成新的硬件产品盈利。

也就是说，传统制造业企业主要的盈利模式是硬件与售后服务的收入。其中，从盈利结构看来，硬件收入比售后服务收入占比要大。

2.2.2　数据聚合带来生态收入

新的盈利模式会加入生态收入。业内都知道在工业互联网的应用过程中，数据会创造很高的价值，但数据创造价值的路径却鲜为人知，即"数据—信息—知识"。企业通过客户端数据采集，积累大量数据，数据经过分析后转化为信息，信息经过专属领域的经验处理转化为知识，这些知识结合特定的场景创造价值。

实际上，在未来新价值创造层面，生态收入是指同领域不同企业之间数据聚合的价值。所以，除了获取传统制造工厂的硬件收入，企业还可以获取软件升级和数据聚合创造的生态收入。所以工业互联网企业创造出来的新盈利模式是两个收入的合集，并且在企业盈利结构中，生态收入的比重是大于硬件收入的。

2.2.3　IT 与 OT 融合的挑战

工业互联网的应用是高新技术对商业组织发起的挑战，其中最难攻克的模块是 IT 和 OT 的融合（见图 2-1）。从 IT 的应用层面来看，企业通常都是采取自上而下的方式进行战略部署，如 ERP、APS 等系统，因为这些系统往往只在独立的部门运作。但是，工业互联网的应用更多的是要解决 OT 层面的问题。

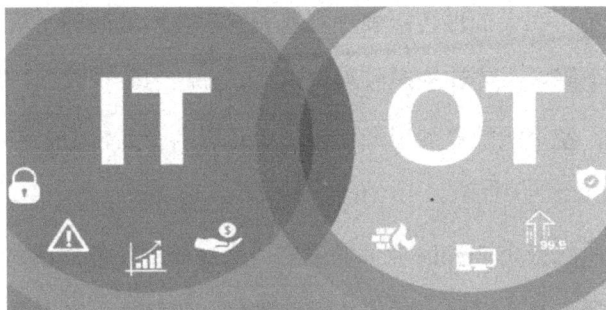

图 2-1　IT 和 OT 的融合

OT 是 IT 实施的根基，只有在 OT 层面打好基础，IT 才可以充分发挥作用。因为 OT 的运行方式是一个自下而上的过程，是一个不断发现问题和寻找问题的过程，而且一般这些问题都有既发生在现场又有很大差异的特性。

通俗意义上讲，很多 OT 问题的解决是一个积累的过程，因为有很多问题没有现成答案。现实是 IT 和 OT 分属于不同的部门，IT 人员不懂 OT 领域的知识，而且两种管理方式的特点不同。这种组织根源的差异性及企业大多都拥有的"自上而下"的管理惯性，会造成很多在资源组织上的冲突和矛盾，也会导致出现心有余而力不足的情况。

因此，工业互联网要很好地解决 IT 和 OT 融合的问题，就必须根据组织自身的实际情况做出及时与有效的调整。

2.2.4　盈利转型面临"两难"抉择

总体来看，在真正的工业互联网企业的收入结构中，它的生态收入比重是大于硬件收入比重的。但这对现在从事工业互联网应用的企业确实是一个挑战，而且企业在实践中常常会面临"两难"的选择。

企业"两难"在于处理传统硬件收入和生态收入之间的平衡。企业需要既不让硬件收入下降，又要让生态收入快速增长并超越硬件收入。所以，如何利用有限的资源，使资源配置利用最优是工业互联网企业转型之路上必须面对的问题。

美国通用电气公司 Predix 业务的成立，就是一次两者关系的平衡。该业务的调整充分表明了其在发展上独特的战略思想，即聚焦自身已有的核心业务提升，然后再发展跨行业的工业操作系统。目前，由于市场局势的紧迫感的加强，国内企业也在紧锣密鼓地推进盈利模式的转型。例如，海尔集团就将生态收入纳入了自己的收支计划中，并将其作为重要的绩效考核指标，探索物联网时代背景下的管理变革。

2.3　工业互联网下的商业模式

我国正处在推动高质量发展的攻坚期，对工业互联网的转型升级有十分迫切的需要，因此全国上下都高度重视工业互联网的发展。为推动工业互联网创新发展，政府推出了多项指导性文件，各地政府也纷纷出台了工业互联网发展规划。

在政策支持、战略引领、规划指导的合力作用下，我国具有一定行业影响力的工业互联网平台总数已超过半百，重点平台平均连接的设备数量也达到了60万台。但遗憾的是，目前工业互联网领域的各大企业都处于初期探索阶段，工业互联网平台的商业模式并不清晰。基于此，下面将分析当前主流工业互联网平台的主要商业模式，以供参考。

2.3.1　私有系统：建立专业形象

私有系统是当前工业互联网领域最常见的商业模式。这是因为工业互联网系统最早大多应用于电力、能源、市政、大型制造业等领域。在这些场景下，虽然制造一个私有系统需要有高昂的造价与庞大的规模，但是该系统的所有者通常是唯一的关键用户单位。这些用户单位建设这样的系统，主要是为了提升自己内部业务的运营能力，而这些单位的客户一般不会察觉到此类系统的存在带来的直接影响。

以实际情况为例，城市的居民可能并不清楚保证目前维持用电电压稳定的原因是智能电网；每天给汽车加油时，人们也不会注意到地底下存在智能管道在将成品油源源不断地输送到城市；当人们使用手机时，人们也不会特别在意其生产线是否有一个 MES 系统来统一协调。

在私有系统下，所有者会承担所有的建设费用和运维费用。所以建设私有系统时，免不了带有浓重的业主方的业务流程特点，以至于行业中往往难以有成熟的解决方案可以直接满足大型项目的招标需求。

但这不等于同类型客户的过往经验不具有借鉴价值。业主方在选择中标单位时，一般还是会考察其同类业务的过往业绩。所以，对于定制化方案的提供商，要想保证自身的盈利水平，就必须有较强的客户需求观察能力和产品优化能力。这是因为在一般的定制化方案中，因为"需求蔓延"，导致需求边界不清晰，通常会不断消耗项目成本。

另外，方案提供商保证自身利润的另一个方式就是专注于有限的领域，不能因贪多而承接各种杂乱的项目。专注能给团队带来超越想象的收益，以专业能力和产品优化两方面为例，团队因为反复经手类似的项目而对客户需求的把控更加精准，和目标市场领域各业主方人员也建立了良好的私人关系，从而能有效避免因沟通失败而引发需求蔓延。团队因为不断在相似的项目中加深对业务流程的理解，也有助于其提炼出其中的共性，从而可以在不同的项目中反复使用。

以上就是拥有私有系统的企业特点和集成商企业内部管理的手段。集成商在帮助降低私有系统日常运营成本的同时，还会因为其不断打磨的业务能力而在目标客户群体中建立专业形象。

2.3.2　业务平台：聚焦有关联性的领域

业务平台模式是指那些聚焦某个领域、提供全渠道专业服务的平台。这些平台的业务模式一般互联网属性较浓厚，但物联网解决方案却是其业务支撑体系的主要力量。

采用这类模式的企业通常涉足于第三方设备维护、销售设备配件等领域。

业务平台的业主本身就是提供这些服务的服务商，其主营业务也存在于物联网平台之前。在其日常业务的运行中，这些供应商发现及时了解用户的设备状态可以帮助他们有效提高针对用户的响应速度，从而达到提高用户满意度的目的，而工业物联网技术的发展让搭建一个这样的信息化系统平台成为可能。

这类平台的服务商本身不一定是该系统的唯一用户，只能算是关键用户。那些被平台的所有者服务的企业也是该平台的用户。这些用户的设备因为连接了该平台，也可能在设备故障或需要保养时通过平台发送自己的请求，或者通过平台随时了解自己设备的维保情况和与服务方维保合同的履约情况等。

2.3.3　通用组件：需要进行二次开发

通用平台的提供者，一般是云计算提供商或电信运营商，其中也有初创企业与开源项目在这个领域活跃。目前，亚马逊、AWS 微软、阿里云等典型的大型云计算服务商和众多的电信运营商都提供了针对各个应用场景中常用技术架构的支持，如 MQTT 服务等，以方便用户在其提供的平台上搭建解决方案。

由于通用平台通常在云端部署通用技术组件，所以平常的客户端并没有权利直接使用，而是需要专业开发者进行二次开发。这些开发者可能来自用户单位，也可能是专门的解决方案提供商。事实上，一些通用平台也都在为自己所提供的技术组件落地、产生可行的效益，而努力发展自身的解决方案提供商群体。

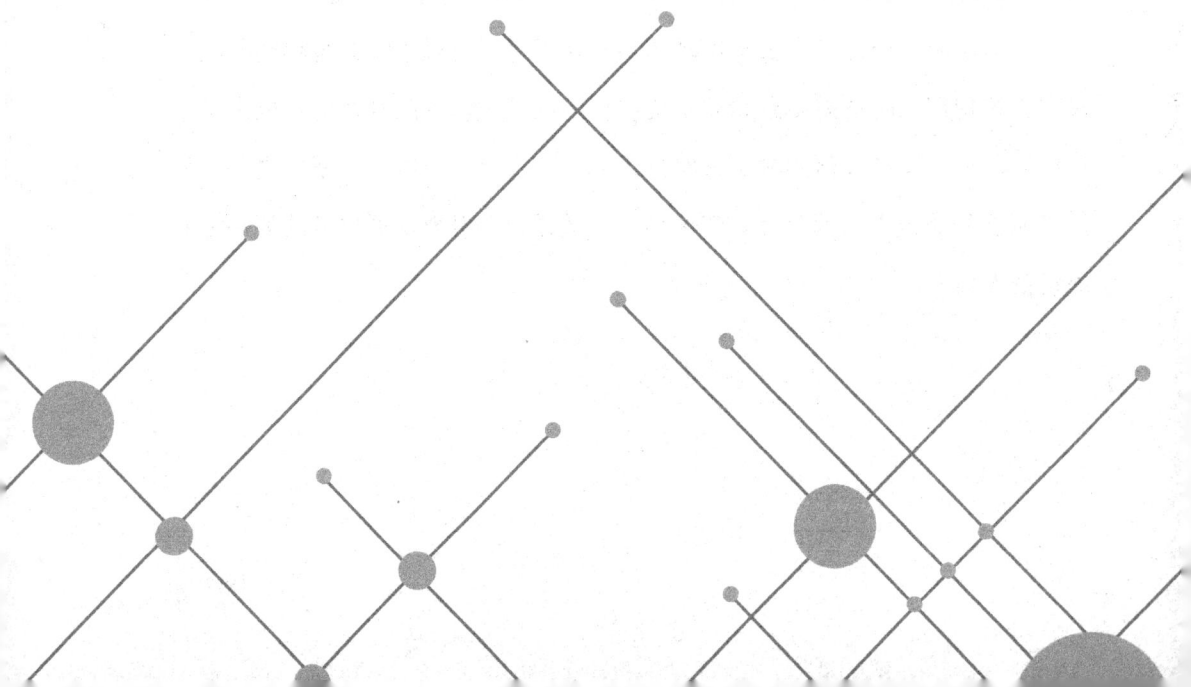

第 **3** 章

工业互联网平台建设与推广

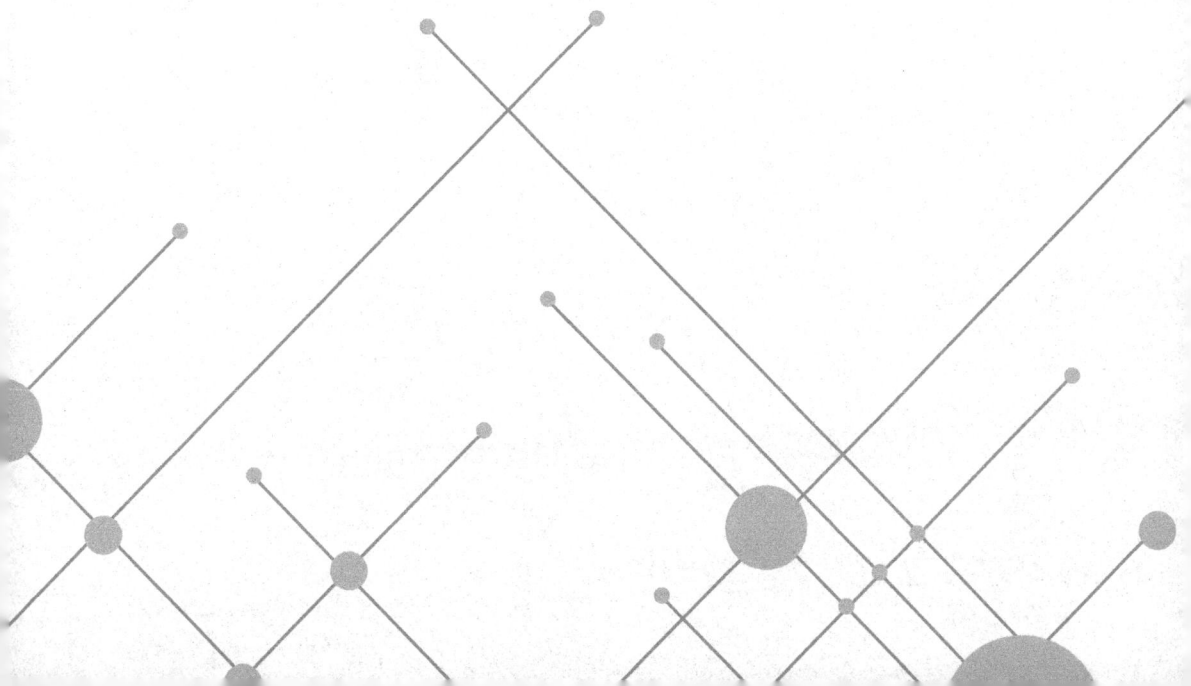

当前，工业互联网平台已经是全球产业竞争的制高点。随着信息通信技术和制造业的融合发展，产业生态的竞争正向制造领域走来。全球范围内的龙头企业基本都运用了智能化设备、平台、工业软件的架构，整合了工业互联网的生态资源，抢占了制造业创新领域的话语权，培育了大量开发者，提升了用户黏性，打造了新型工业生态，增强了企业自身的竞争实力。

3.1 工业互联网平台现状分析

工业互联网平台是我国建设制造强国与科技强国的着力点。从制造层面来看，工业互联网平台通过跨领域的各种资源链接和高效协同，可以打造新型高效的制造体系。从科技层面来看，工业互联网平台为通信技术的发展打了一剂强心剂，为推动 5G、物联网等科学技术的转型升级奠定了坚实基础。

3.1.1 分布区域：环渤海、长三角、珠三角

我国要实现经济强国目标的措施之一就是要大力发展工业互联网平台。工业互联网平台在现实生产中就是一个通过精确数据采集体系，来推动产业中各类要素信息的科学决策，加强生产全要素的管理与各类资源优化配置的软件平台。

截至目前，我国工业互联网平台集中分布在环渤海、长三角、珠三角三大区域。其中平台数量比较多的城市有北京、江苏、上海、浙江、广东、山东等，大概占总平台数的 73%。

以上地区的特点是经济较发达、人才数量较多、政府和企业积极性高，正向推动先进制造业与互联网融合发展基础较好。他们大多以推动产业集聚区的行业整体上云为抓手，创造出了一批各具特色的工业互联网平台。

3.1.2 建设主体：大型的制造企业与 ICT 企业

目前，工业互联网平台的建设达到了空前的热度。但搭建工业互联网平台需要强大的资本实力做为支撑，所以我国搭建工业互联网平台的先锋力量主要是个别领域内的龙头企业。

其中，阿里云与广州智光电气股份有限公司签署了合作协议，他们将共同建造我国首个"基于大数据驱动的综合能源大服务工业互联网平台"；用友网络科技股份有限公司也在大力推动湖南工业互联网平台生态体系的建设；浪潮集团有限公司则推出了四项计划，打算在十余个重点省份建设地方工业互联网创业中心，面向上百万家企业发放 5 亿元企业上云券，并联合生态合作伙伴打造大型企业集成创新示范及区域特色产业示范基地。

当前我国工业互联网平台建设在行业和区域已实现了遍地开花，并且大型制造企业和 ICT 企业成为建设的主体。

3.1.3 推广路径：主要面向装备制造、消费品等行业

科技革命和产业变革正加速前进，制造业也在加速向智能化方向发展，软件定义市场、数据驱动服务、智能平台支撑等产业特征更加明显。

工业互联网平台构建了一个制造业的全新生态，它是企业工业能力和 IT 能力的集成、融合与创新。该平台可以通过引导不同类型企业资源在此汇集、共享，促进企业智能化转型，从而带动全社会制造资源网络化动态配置，构建新的制造业生态。

但适合工业互联网推广的应用场景不多，主要与工业自身的特点有关。因

为当偏向消费者层面时，互联网可以迅速推向千家万户；但在工业领域，这几乎是不可能的。工业企业的需求基本是个性定制化的，对可靠性、确定性的要求很高。

例如，采购个人用品时，消费者可以根据自己的喜好与偏向下单；但工业企业采购时，可能会要求各种认证资料和试验数据，并且对供货商的资格和信誉进行评估，还可能需要具有丰富的专业知识和经验的人进行线下对接。

因此，工业互联网的推广节奏不会像商业互联网那样一味地追求发展速度，欲速则不达；而是应该首先面向装备制造、消费品等这些容易进行资格认证的领域来进行推广。

3.2　工业互联网平台的核心推动力

工业互联网平台在全球范围内的高速发展，已经对商业组织的生产方式与商业模式产生了深远的影响。我国工业互联网平台在各种红利政策的引导下进入了快速发展的阶段，但也面临一些关键制约，需要了解工业互联网的核心推动力，才能有效释放工业互联网平台的发展潜力，为我国经济高质量发展提供新动力。

3.2.1　工业 IaaS：以自建云方式为主流

工业 IaaS 的定义是"基础设施即服务"，是指把 IT 基础设施作为一种服务通过网络对外提供，并根据用户对资源的实际使用量或占用量进行计费的一种服务模式。以"做饭吃饭"这件事情为例来类比这种服务模式。

工业 IaaS 就是当到吃饭时间时，无论是烹饪的食材、餐具、燃料还是炊具等，都需要自己准备（见图 3-1），这种"自力更生，丰衣足食"的模式就相当于该系统的自建云模式。

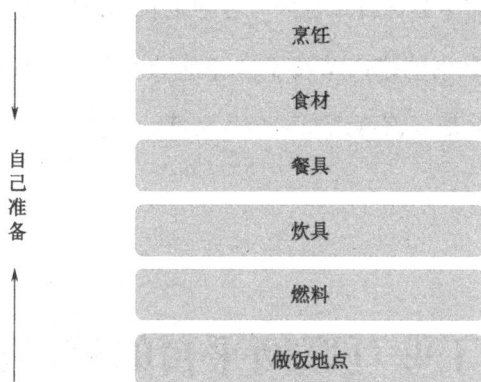

图 3-1　"田园"式吃饭模式

在这种服务模型中，普通用户不需要自己构建一个数据中心等硬件设施，而是通过租用的方式，利用 Internet 从 IaaS 服务提供商处获得计算机基础设施服务，包括服务器、存储和网络等服务。

3.2.2　工业 PaaS：发展日益迅猛

PaaS 的定义是"平台即服务"。而工业 PaaS 的本质是在现有成熟的 IaaS 上构建一个可扩展的操作系统，为工业应用软件开发提供一个基础平台。依然以"做饭吃饭"类比，PaaS 相当于在城市中做饭，在小区楼房的厨房里，一个人打开天然气，将超市买来的食材清洗、烹饪，最后完成（见图 3-2），这是"工业社会完善的生活设施"。

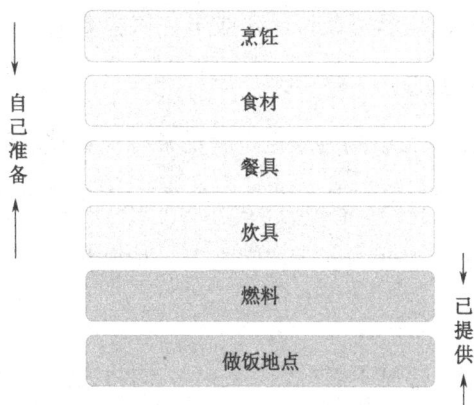

图 3-2　"城市"式吃饭模式

对于工业互联网来说，工业 PaaS 是非常重要的核心，而工业 PaaS 的关键则是数字化模型。工业互联网平台要想将生产要素都结合在一起，必须有足够的储备与经验支持，才能将这些数字化模型沉淀到平台之上。

3.2.3　工业 App：已经展开广泛应用

互联网飞速发展的今天，人们的日常生活已经脱离不了各种智能化设备了。同理，工业生产的智能化也不会仅仅止步于 ERP、MES 等系统。当企业完成了在生产过程中的各类数据的收集与分析，在工厂内部实现了各个层级的信息互通时，下一步就是要开发移动设备可运行的应用程序，让制造业产品信息不再受时间、地点的限制。

我国相关政策曾经提到，到 2020 年，应培育至少十家的跨行业、跨领域的工业互联网平台和一批面向特定行业、特定领域的企业级工业互联网平台。

届时工业 App 大规模开发应用体系基本形成，重点工业设备上云取得重大突破，遴选一批工业互联网试点示范项目，建成平台试验测试和公共服务体系，初步形成工业互联网平台生态。

工业 App 是以工业互联网为基础，满足某种工业需求的应用软件。它具备丰富的相关领域知识与经验，是工业领域软件化的重要成果，极大地提高了工业知识的应用与发展。工业 App 正在定义着一种全新的生产和管理方式，甚至定义着制造产品生态。

随着工业互联网的热度不断升温，在不久的将来，一定会有各种工业互联网平台和工业 App 被研发制造，整个制造行业将呈现出生机盎然的景象。

3.3 工业互联网平台建设与推广的难点

我国政府关于工业互联网平台建设的政策中提到，该平台发展分为近期目标和中远期目标。近期目标是今年支持建设十个左右跨行业、跨领域工业互联网平台；中远期目标是到 2025 年形成 3～5 个具有国际竞争力的工业互联网平台，到 2035 年建成国际领先的工业互联网平台。

由此可以看出，培育出在全球有竞争力的工业互联网平台，关乎未来二十年工业操作系统的主导权之争，关乎国家制造业是否具有竞争优势。所以，打造本国强大的工业互联网平台时间紧迫、任务艰巨、使命伟大。

目前，我国在工业互联网平台建设的过程中也存在各种困难。因为这是一个企业战略逐渐清晰、平台功能持续迭代、应用服务不断丰富、产业生态日趋成熟的过程，需要不断试错，循序渐进地去推进。

3.3.1 亟需推出"杀手级"的工业 App

当前，我国工业互联网平台建设的阶段还处在探索期。现阶段面临的是平台建设战略路径不清楚、商业模式不明朗等问题，亟需通过推出"杀手级"工业 App 来抢占市场先机。

一次信息产业革命，就是一次"杀手级"应用持续更改 ICT 产业生态的历史。桌面互联网时代，Office 的出现推动了个人计算机的快速普及；移动互联网时代，生活类 App 的出现，推动了 iOS、安卓两大操作系统的持续繁荣。面对呼啸而来的工业互联网时代浪潮，无论通用电气、西门子等全球领军企业还是我国的工业互联网平台企业，均把打造工业互联网平台作为竞争重点。因此，目前亟需推出"杀手级"工业 App 来改变工业互联网平台的发展现状与进程。

3.3.2 缺乏相应的技术支撑能力

当前，虽然很多工业互联网平台都打上了跨行业与跨领域的旗号，但有些平台的核心业务依然局限在特定行业上。它们在垂直细分领域仍需进一步拓展，所以在本质上还是行业级平台，不仅离工业互联网平台还有很长距离，离跨领域工业互联网平台差距更大。所以目前大多数平台缺乏的是相应的技术支撑。要想打造一个完整的工业互联网平台，需要具有以下两个特征。

一是需要建立成熟的工业 PaaS。上面提到了工业 PaaS 的重要性，所以想要打造成熟的工业互联网平台，离不开工业 PaaS 的建设，它是创新活跃的工业

App 开发生态的必要因素。在该阶段，工业 PaaS 向下可为连接各类设备提供统一的接口，实现不同设备之间的互联；向上可承载各种各样的工业 App，同时自身拥有细分行业的算法库、模型库、知识库等行业机理模型，供更多第三方工业 App 开发者进行调用。

二是需要有高超的行业解决方案能力。在平台开发相关工业 App 时，平台需要面向领域内细分行业具备完整的要素、流程、产业链和生命周期的管理和服务。同时，平台应具备工业 App 的再封装、再组态能力，可快速形成个性化的行业整体解决方案，加快工业互联网平台在不同企业的落地。

3.3.3 尚未具备跨领域、跨行业能力

当我国工业互联网平台建设目标进行到中后期时，需要以初级工业互联网平台为基础，跨行业、跨领域拓展平台服务标准。想要工业互联网平台具备跨行业、跨领域特征，需要满足以下"三个一"要求。

一是要有一家实力强的龙头企业带领。GE、西门子打造工业互联网平台的实例表明，只有综合实力较强的龙头企业主导才有可能打造基于工业互联网平台的综合性产业生态。在该阶段，平台企业应该具备强大的整合资源能力，才可提供各项一体化的综合性服务。

二是要打造一个开放性的研究者社区。用发展的眼光来看，软件开源和硬件开放已成为大的发展趋势，掌控开源生态也已经成为全球工业互联网平台的热点。开发者社区应该做到两类开源：首先是平台企业开源自身高质量、广覆盖、易应用的开发工具来构建高效协同的工业 App 开发生态；其次是联合自动化企业开源各类标准兼容、协议转换的技术，实现工业数据在多源设备、异构

系统之间的有序流动，确保工业设备互相联通。

三是要逐步打造一个拥有高用户量的工业 App 的双边市场。当工业互联网平台上的工业 App 的数量与用户数量都达到一定的标准时，平台将会在短时间内获得爆发式增长，进而自发地形成一个双向迭代的双边市场。伴随着百万工业企业、工业 App 的上云，龙头企业围绕"自动化设备+云平台+工业 App"功能架构，整合"平台供应商+App 研发者+用户"的生态资源，用户黏性将会出现跃迁式的上升。

3.4 巨头布局：盘点三大工业互联网平台

面对如此诱人的市场环境，不只是消费互联网公司抢占工业互联网机会，传统的工业巨头也垂涎这场千载难逢的盛宴。他们利用自身在工业、制造领域多年积攒的绝对优势，纷纷抢滩布阵。经过近几年的发展与自身技术的变革，在工业互联网领域，这些巨头更有竞争优势。

工业互联网的核心是"工业"，基础是"互联网"。因此，一个工业互联网平台要想在工业互联网时代提高竞争优势，就需要构建对其产业的赋能能力。这就要求平台的构建者具备对自身产业特征的深刻洞察力，以及对产业价值链的整合能力。

目前，全球三家大型的龙头企业已经开发和推广了各自的工业互联网平台。他们凭借的是在自身领域多年的技术累积、强大的数据资源与果断的决策力。下面将以这三家领军企业——美国通用电气（以下简称"GE"）、德国西门子、ABB Ability 为例，分析工业互联网平台的战略与功能。

3.4.1　通用电气：重磅推出 Predix

在专业人士看来，美国通用电气是数字化、智能化转型最为激进的企业。其对工业互联网概念的推广，让很多人都以为这是美国政府推出的工业战略。

GE 早在 2011 年就启动了数字工业战略，2015 年推出全球首个工业云服务平台 Predix，2016 年 3 月起对外宣称是"全球数字化工业公司"。

创造 Predix 平台的主要负责人、前通用电气 CEO 伊梅尔特曾说："让所有人都用 Predix 平台。我们会成为开源系统，让竞争对手也可以使用我们的平台。"也就是说，GE 不仅仅开发工业 App 和平台，而是希望 Predix 成为工业互联网界的操作系统。

目前，Predix 也在为落地我国做准备，行动之一就是面向工业型初创互联网公司及该领域的合作伙伴推出的"Predix 星火计划"。为打造我国数字工业能力，培育工业互联网生态系统，推动包括发电、航空和医疗等关键垂直工业领域试点项目，支持更多本土企业实现数字转型提供强有力的支持。

GE 中国总裁兼首席执行官段小缨表示，"通过该计划希望吸引更多本土企业参与到工业互联网应用的开发中来"。

3.4.2　西门子：MindSphere 的未来计划

西门子的业务常被拿来和 GE 比较的原因是企业业务极其相似，但西门子的风格更为稳健。西门子中国地区执行副总裁王海滨曾向记者介绍，西门子的优势和特点之一就是"拥有庞大的工业设备基础和覆盖众多行业的专业知识"。

西门子主要研究的领域包括工业通信网络、数字化企业软件、工业服务和自动化安全。早在 2017 年，西门子就向我国市场推出了开放式操作系统 MindSphere。王海滨还表示，很多大型零售商如亚马逊和微软等都在考虑合作。

西门子在 2017 年年底发布了财年业绩，称其当时"超越了上一财年历史性的成功"。数字化工厂已超过发电和天然气，成为西门子第二大业务，利润上涨至 21 亿欧元。

例如，西门子根据其行业特性为青岛双星轮胎工业有限公司（以下简称双星轮胎）完整地定制了一套专属的智能化体系。据此，双星轮胎建立了从客户定制到订单交付全过程的全方位管控与售后保障服务。该完整体系使双星轮胎员工的劳动强度降低了 60%以上，残次品率降低了 80%以上，总体算下来劳动生产率达到了过去的 3 倍以上，工厂的环保水平和能效比肩世界领先水平。

西门子将会在我国大力发展包括自主机器人（中国主导）、大数据、工业信息安全保障等数字化领域的高科技研发，为帮助我国制造业数字化转型提供坚实的技术基础。

3.4.3　ABB Ability：开放的工业云平台

ABB 集团在实力方面相较于 GE 或西门子来说较差，但近些年，该企业也在大力发展自身的数字化平台，并逐渐将工业数字化业务向我国引入。

ABB 在业界的领军项目是"工业机器人"，但其数字化的业务范围并不止于此。在工业互联网领域，ABB 正利用物联网技术、人工智能和大数据，积极推动各行业信息技术和运营技术的融合，并将工业互联网平台、工业传感器和工业 App 等作为研发重点。

近几年，该企业也一直在向行业内工业数字化领军企业看齐。据悉，ABB 早在 2007 年就推出了远程服务，当时的物联网概念还没出现在大众的视线里，足以见得 ABB 的高瞻远瞩。经过多年的发展，他们现已拥有在全球范围安装的 7000 多万台互联设备和 7 万多套正在运行的控制系统，并向我国市场推出 ABB Ability 数字化平台和解决方案。

工业互联网平台的建设与推广是世界上各个国家都争相攻克的难关。由于我国的资源丰富、市场广阔、人力充足等优势，各龙头企业都将目光瞄准我国的市场。这将帮助我国制造业由高速向高质量完美转型，也将为我国工业互联网平台的研发提供有利条件。

第 **4** 章

工业互联网与大数据、云计算

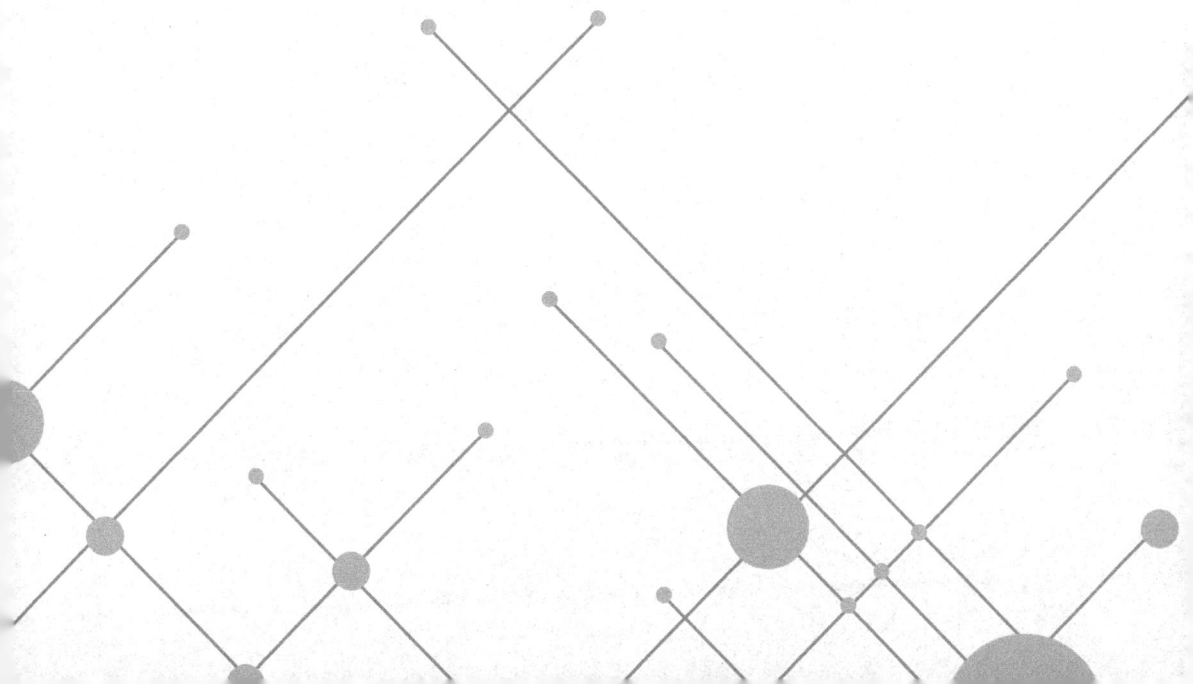

工业互联网的本质是互联网技术、大数据与云计算的充分融合。其中，云计算是实现工业互联网的基础性要素。大数据是在云计算的基础上运行的，没有云计算的支持，工业互联网的建设将会停滞不前。

4.1 工业大数据从何而来

制造领域在推动大数据、云计算与工业互联网融合的进程上，需要利用的是企业信息系统、设备物联网和企业外部互联网三种系统。这三种系统中累积的资料是工业大数据的主要来源。

4.1.1　企业信息系统

传统意义上的企业信息系统分为两部分：办公系统和业务系统。伴随着全球企业数字化建设的逐步推进，企业相关业务数据也在积累中。业务数据是工业大数据的重要组成部分，其主要储存在企业信息系统内部。

业务数据的主要来源有企业战略规划、工业设计与制造类平台、产品生命周期管理、供应链管理、环境管理及客户关系管理系统。企业信息系统中积累了大量的产品研发、生产、经营、环境、物流供应及客户信息数据，这些数据是制造业领域的重要资产，随着工业互联网的发展，其应用环境也在逐渐扩展。

4.1.2　设备物联网

工业大数据的第二大主要来源是设备物联网。随着科学技术的深入发展，设备物联网的概念也已深入人心。

设备物联网储存的主要是机器设备互联数据，也就是制造企业联网设备在联网的状态下，由平台实时收集的生产过程中的操作与运行状况、工况状况、环境参数等能够展现实际运行情况的数据。该数据不仅是工业互联网最新、效率最高的数据，也是狭义工业大数据的重要代表。

美国 GE 公司曾表示：在工业互联网设备的使用中，由传感器采集到的就是狭义工业大数据，该数据可以帮助制造企业提升其设备运行效率，实现制造业务的拓展。这类数据包括设备状态参数、工况负载和作业环境等，可以全方位地提升工厂工作人员的决策效率。由此可见机器设备互联数据的重要性。

4.1.3　企业外部互联网

企业内部互联网是局域网，只有企业内部持有通行证的员工可以访问。企业外部互联网是广域网，任何人可以通过外部互联网进入查看企业资料。企业外部互联网是工业大数据的第三大主要数据来源。

企业外部互联网主要储存的是企业外部数据，这类数据主要是指与制造企业生产活动及产品相关的、来源于企业外部互联网的数据。例如，评价企业环境绩效的环境法规，以及预测产品市场的宏观社会经济数据等。

在互联网与制造业深度融合的时代，企业外部数据的保存已越来越被重视。21 世纪初，一些日本企业就开始用互联网数据分析获取用户对其生产产品的评价。如今，北京小米科技有限责任公司也在利用设计媒体数据开展新产品的研发。

除了与制造企业相关的数据外，影响设备运行的气象数据、影响市场预测的宏观经济数据、影响生产成本的环境法规数据等的应用也能为制造企业带来意想不到的好处。

4.2 工业大数据有何特征

工业互联网是依靠互联网技术为基础发展的，而工业大数据也和互联网大数据之间存在着千丝万缕的关系。二者虽然有共同之处但也存在一些差异。相比起互联网大数据的关联挖掘与发散性分析，工业大数据更注重目的性。此外，双方数据的特征和面临的问题也存在一定区别。

4.2.1 数量多、质量差

随着工业进程的逐步加快，工业大数据的累积也随之增多，这就导致工业生产的数据质量问题得不到保障。冗杂的工业数据要想理清思路，意味着工业大数据需要在提高质量的同时还要满足自身的低容错性。

在工业大数据中，低质量的数据不但不能起到应有的作用，反而会对工业生产分析过程造成不良影响，进而导致分析结果无法投入实际应用。而互联网大数据不同，互联网大数据可以只挖掘数据本身，不需要考虑数据之间的关联及数据本身的含义，也就是单纯地以结果为导向。

对于互联网大数据的这一表现，最典型的例子就是超市在通过对用户的购物习惯进行分析后，得出可以将啤酒摆放在尿不湿对面的结论，虽然两种产品之间并没有太强的逻辑关系，但依然促进了两种产品的销量。通过上述案例可以总结出，相对于互联网大数据对精准结果输出的要求不高，工业大数据对预测和结果分析的容错率要低很多。

互联网大数据在进行预测和决策时，只需要考虑两个事物之间的关联是否具有显著性，其他如个体差异等问题，在有足够大的样本量时都可以被忽略，于是造成了互联网大数据预测结果的低准确性。

这可以用生活中的案例来说明：当互联网大数据向用户推荐可能喜欢的电影时，只要大数据分析显示出 70% 左右的显著率就可以向该用户推荐，即使用户并不感兴趣也不会造成损失。但是在工业生产中，工业大数据如果因为数量多、质量差的数据影响，计算出错误的分析结果，即使误差甚微也可能会造成严重的后果，企业可能会为此付出巨大的代价。

4.2.2 比较隐匿，挖掘难度大

工业大数据的采集，在工业互联网的建立与开发中是非常重要的一环。工业大数据与互联网大数据最大的差别就在数据特征的提取上。

工业大数据更加关注数据表征背后的物理意义及事物之间关联的机理逻辑，而互联网大数据则更倾向于仅仅依靠统计学工具寻找事物间的相关性。因此，工业大数据通常比较隐匿，并且挖掘难度也很大。

4.2.3 多源关联与系统集成

在多源关联与系统集成层面，工业大数据与互联网大数据具有相同的特征——海量与碎片化。在这个层面，工业大数据解决方案重点关注的是保证数据的时效性，避免数据的不连贯与间断性。

与互联网大数据重视"量"不同，工业大数据更关注的是数据的"全"。这里的"全"表示的是所有要求都拥有最大限度使用样本，而且能够包含工业生产的各类情形，以保证在海量数据中提取到能反映对象真实情况的数据。

为了实现这一目标，一方面，工业大数据需要在分析数据时能克服数据碎片化带来的困难，利用特征提取等手段将数据转换为有用的信息；另一方面，工业大数据还要通过对在数据中获取的前段设计进行分析，进而制定以价值需求为导向的数据标准，在数据与其流通的平台内构建出统一的数据环境。

4.3 大数据、云计算在工业互联网中的应用

大数据在工业互联网中的作用是一种新的处理模式，在该模式下，任何应用工业互联网的平台都能够具有更强的决策力、洞察力及优化流程的能力；并借由大数据技术来适应数量巨大、增长迅速、逐渐多样化的信息资产。

云计算是制造企业为了降低基础架构成本、提高效率、解决储存问题而使用的一种新型应用架构。

4.3.1 提高研发的效率

新技术就像一把"锤子"，而各个领域就像是"钉子"，要想让钉子发挥更

强的作用，一定需要锤子的帮助。同理，为了人们的生活更加便利与和谐，大数据、云计算、工业互联网等高新科技已经向研发领域进军。以药物的研发为例，这本不是一件容易的工作。传统药物研发的困难体现在三个层面：第一，药物研发耗时多、周期长；第二，药物研发的效率比较低；第三，药物研发的投资量大。

新型药物研发利用深度学习、云计算等新兴技术，通过大数据对药物成分进行分析，从而可以更快地筛选出最适宜的化合物或其他药物分子，成功打破了传统药物研发的种种困难。新型药物研发有三个积极的效用，如图 4-1 所示。

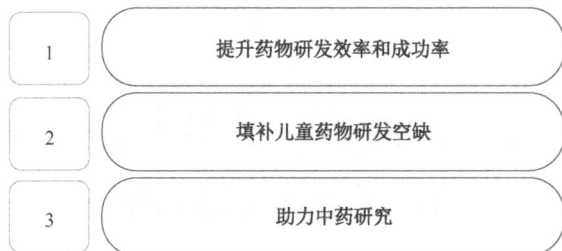

1	提升药物研发效率和成功率
2	填补儿童药物研发空缺
3	助力中药研究

图 4-1 新型药物研发的三个效用

塔夫特药物发展研究中心作为权威平台，他们的调查数据显示：一款新药物从研发到面世再到获得 FDA 批准的平均周期约为八年。同时，每年新药物的研发成本约为 16 亿美元，而且正以 33% 的速率增长。由此可见，新药物的研发面临着发展的瓶颈期。

（1）由于新兴技术的出现，让制药企业和药物研发人员看到了希望。他们也对药物研发的未来抱有乐观的期待。借助大数据与云计算等技术，他们能够从杂乱无序的海量信息中，获得有利于药物研发的数据。在此基础上，他们还可以进一步提出新的药物研发假说，最终验证假说、加速新药物研发的过程，提升新药物研发的效率。

Tech Emergence 的数据报告显示：科学技术提高了新药物研发的成功率，将其从原有的成功率从 11%提升至 13%。虽然仅有 2%的增长，但是却能够节省许多研发资金，带来更大的经济效益与社会效益。

（2）长久以来，市场上缺乏儿童专用药。而新技术的加入，能够有效填补儿童药物研发空白。对于患有某些病症的儿童，医师一般提供的都是成人药品，只是在儿童服用时，特别提醒要酌减使用。可是，酌减并没有"度"的标准，一旦儿童服药过量，会出现类似于身体的内分泌系统失调、婴幼儿性早熟及其他安全隐患等严重的副作用。

对于儿童服用成人药物的危害，国家药物不良反应监测平台做过一次科学的调查，调查数据结果显示：我国儿童服用成人药物的不良反应发生率为12.9%，其中新生儿高达 24.4%。而且，我国每年约有三万名儿童因服用成人药物导致耳聋，约有七千名儿童因此死亡。

这是一组令人惊悚但又非常真实的数据，因此，我们必须深入进行儿童专用药物的研发。目前，我国只有 8 家企业专门生产儿童专用药品，非常不利于儿童药物的快速研发和批量生产。

新技术的介入将会助力儿童药物的研发。新型儿童药物研发借助知识图谱技术，能够高效精准地获得来自实验室、医学期刊文献及临床的各类数据。通过智能分析技术，结合科学的实验，就能够找到儿童药物的准确用量，最终研发出适合儿童的专用药品。同时，依靠大数据技术还能够有效分析出儿童最喜欢什么口味的药物。这样的分析，能够为药物的研发提供良好的思路，家长再也不用担心"药苦"的问题了。

（3）新技术还可以帮助中药提高研究效率。许多西方人及现在的年轻人不太相信中药，因为许多中药都没有准确标明具体的药理机制及相关的药理学原理。新技术的介入将会有效改变这一现象，同时也会促进中药的发展。

如今医学专家借助深度学习与神经网络技术，能够将中成药中的所有化学物质分离出来，再经过一系列的化学实验和临床分析，找到中药内真正有作用的化学物质。这样的方法，一方面可以为中药正名，另一方面也可以助力中药的批量研发。

为了使新时代的药物研发更加高效、更加有质量保证，我们需要在以下四个方面做好把控，如图 4-2 所示。

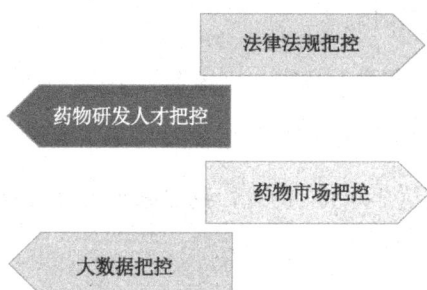

图 4-2　药物研发与四个方面把控

（1）做好大数据把控。具体来讲，大数据必须精确且高质高量。大数据是所有企业发展的必要支撑，如果没有精准的大数据，一切都是妄谈。对于药物研发企业来讲，更需要做好高质量的数据积累，因为良好的数据库能够为药物研发提供更加准确的药物学资料，也会使药物产生更好的治疗效果。

（2）做好药物市场把控，即积极培养新药物的市场。市场有多大，产品研发效果就有多强烈，有了好的市场前景，研发机构自然而然就会积极地进行药物的研发。在培养新药物的市场时，企业需要通过新媒体渠道积极地进行宣传，或者与权威医疗机构进行合作，这样企业生产的药物才会迅速在市场上获得积极反响。

（3）积极培养药物研发人才。目前，虽然技术专家不是很缺乏，但是药物研发的专业型人才还是稀缺的，无论是从教育角度还是科学研究角度，都要积极培养此类人才。企业在培养人才的过程中，要给予充分的资金支持及人文关怀，这样，他们的研发动力才会更强。

（4）重视法律法规的监管。新型药物研发仍处于初始阶段，一切的法律法规尚不完善。法律法规的完善还需要深入药物研发实践，在第一时间发现新型药物研发中存在的种种有违道德、有违人伦与有违人体健康的行为。一经发现应立即展开行动，把一切打着服务人民的名义，背地里做有损人民利益的药物研发扼杀于摇篮之中。

从新技术在药物研发领域内的实际应用案例来看，这些技术将带给人们更加安全与便利的生活。无论将来在哪个领域，我们都相信新技术带来的进步是正向积极的。但有一点需要注意的是，新技术不能处理一切问题，技术的发展没有上限，始终有更高发展的可能。随着工业型企业对相关领域内知识的进一步学习及技术能力的提高，新技术还将为研发领域带来更多的惊喜。

4.3.2　优化生产过程

大数据与云计算在工业互联网应用中的第二大优势是可以优化生产过程，并且优化过程有系统性这个显著特征。该概念比较抽象，下面将以劳斯莱斯汽车公司为实际案例对此概念进行详细说明。

由亨利·莱斯（Frederick Henry Royce）和查理·劳斯（Charles Stewart Rolls）创建的劳斯莱斯汽车公司（Rolls-Royce）是世界顶级豪华轿车制造商。除轿车以外，在飞机发动机制造领域，劳斯莱斯也是世界上比较出色的代表。

劳斯莱斯利用大数据，实时监控三万英尺高空的飞机，飞机产生的数据会自动上传到位于英国德比郡的总控室。

作为全球大型引擎制造商，劳斯莱斯非常注重数据监控，其生产的所有引擎都配备了大量的传感器，包括飞机引擎、直升机引擎和舰艇引擎。传感器会采集各个部件、系统或子系统的数据，然后通过专门算法，将数据汇总到引擎健康模块的数据采集系统中。

振动频率、压力升降、温度变化、速度增减等这些微小细节，传感器都会通过卫星传送到负责数据分析的计算机中。一部引擎大概有 100 个传感器，即便是飞机在超高速飞行的过程下，只要发现引擎出现一个错误，也可以马上进行检测修复。

为了防止出现大的问题或出现问题以后可以第一时间修复，劳斯莱斯有一个 200 人的工程师团队在做保障后援工作，还有一个 160 人的团队全天候为全球 500 家航空企业进行故障处理和紧急服务。

大数据与实时监控相结合，一方面，可以让劳斯莱斯对故障进行预警预判，提升专业服务水平；另一方面，还可以帮助航空企业及时有效地进行引擎维护检修。

德国弗朗霍夫协会（总部位于慕尼黑）既是德国也是欧洲最大的应用科学研究机构，一直致力于研究面向工业的应用技术。这家科研机构开发了一个以温度传感器为基础的样机系统，可以对焊接过程进行实时监测，用电池供电实现无线信号传输。

在焊接过程中，因为传感器没有被安装在炉内固定位置，而是跟随被焊接的装配组在焊接过程中一起移动，所以若某个传感器元件出现故障，只需替换相关传感器即可。因此，该系统优于传统传感器的是在维护或更换传感器时无须关停设备。

由上述案例可见，大数据在优化生产过程方面的优势非常明显。尤其是当大数据与云计算相结合以后，产生的新兴科技还可以突破传统企业生产和维护的各种弊端。我国工业型企业要想大力发展制造业，需要借鉴国外成功的制造企业的经验，将眼光放长远，学会善于利用新型科技，为国内企业的产业升级转型打下坚实基础。

4.3.3 对新需求、新方向进行预测

当一家制造型企业在进行产品设计时，设计研发人员通常会被不清晰的市场需求所困扰，有的企业可能会根据直觉、借鉴同行经验或是通过开展市场调研来解决。虽然这些方法是传统制造型企业最常用的也是比较有效的方法，但它们确实存在时效性不足的问题，而且与客观的数据相比不够真实。

如今，借助先进技术，制造型企业可以洞察市场需求，快速改善产品特征以满足消费者的需求。以大数据为例，新时代下的大数据，能够在千万级用户需求的基础上提升设计的精准度，在量级和深度上补充了小数据的不足。海量的数据背后，隐藏的是用户的行为习惯与偏好，制造型企业应该利用、挖掘、分析这些数据，设计更符合用户需求的产品和服务。

IBM 是全球最大的信息技术和业务解决方案企业，他们尤其重视计算、功能等理性因素在业务中的影响。但在移动互联网和用户体验为王的当下，用户需求发生了质的转变，体验设计和个性化正在推动 IBM 的产品开发和数字化互动。

目前，IBM 在全球拥有 20 多个工作室，超过 1 000 名设计师。IBM 成立

这些工作室的初衷是想将设计融入工作的各个层面，从而彻底改变整个工作模式。人们通过手机就能随时接触许多非常好的产品，所以设计也要本着以用户体验为中心的理念开展。

在 IBM 的工作室中，顾问、研究人员、社交专家、媒体专家和设计师聚集一起，大家密切协作，共同研发产品。这样做可以融合不同人的能力，通过互动把设计思维与 IBM 在大数据、云计算、移动和社交等方面的专长集成在一起。

一个航空企业收集了很多有关于乘客的数据，如飞行的频率、常往目的地，甚至是旅行途中的购买清单、身份和地区等。基于这些数据和 IBM 的分析技术，该企业为乘客设计了一款定制应用。在这个过程中，大数据是基础，企业扮演了集成的角色。

在 IBM 的设计思维中，至关重要的一点是同理心，即对于用户，要知道他们有什么问题、面对什么挑战，或者想要抓住什么机会。基于这些理解和直观的数据，IBM 可以快速生成一些想法，并在用户中进行测试，寻求反馈，然后根据反馈不断优化最终的产品。

传统的产品设计通常只从用户需求和痛点出发，设计师通过设计，满足用户的某些需求，然后由研发部门选择原材料并进行成本评估，最终以某种方式推向市场。现在，大数据可以帮助设计师快速研究市场，与此同时，设计师还可以借助检索工具，做出价格与销量的分析图，以弱化产品价格的被动性。

例如，假设价格在 25～85 元的产品销量最好，而这个价格的产品，目前市场上的造型和功能基本相似。这时设计师在设计时就可以根据这些信息下手，突出针对性与独特性，结合用户需求，通过差异化设计来区别同类产品，使产品在这个价格段中脱颖而出。

通过大数据的分析，产品设计师能够对目前市场存在的产品的优劣、是否完全满足用户需求、自身产品的出发点和落脚点应该在哪里等问题一目了然。这些问题都是影响产品能否大卖的关键因素，因此产品设计师在研发新产品时会先进行大数据分析。

在大数据与云计算等科技的支持下，工业企业的产品设计师可以避免遇到以往客户需求、产品方向不明朗等疑难问题。新技术可以帮助设计师把握从产品的外观到产品的每项功能。

4.3.4 整合供应链，加强各方协同能力

现阶段，工业互联网可以通过各类信息传感设备和技术的安装，如传感装置、视频与射频识别、红外感应、GPS（Global Positioning System，全球定位系统）、激光扫描器等，根据具体需求来实现产业链的智能化识别、定位、跟踪、监控和管理等，最终使产业链的各个环节透明化，以加强各方协同能力。

在供应链方面，工业互联网主要应用于三大领域，如图 4-3 所示。

| 货物仓储 | 运输监测 | 智能快递终端 |

图 4-3 工业互联网主要应用的三大领域

1. 货物仓储

传统仓储需要人工扫描货物、录取数据，这导致工作效率低下，而且货物位置划分不清晰，堆放混乱，缺乏流程跟踪。将工业互联网与传统仓储结合起来，形成智能仓储管理系统，可以提高货物的进出效率、扩大储存容量、减少人工成本，同时还可以实时监控货物的进出情况，提高交货准确率，及时完成

收货入库、拣货出库等工作。

基于声、光、机、电、移动计算等各项先进技术，通过工业互联网建立全自动化的物流配送中心，能够实现区域内物流作业的智能控制和自动化操作。

2. 运输监测

通过全球定位系统进行智能配送的可视化管理，可以实时监控运输的货物及车辆，完成全方位的定位和跟踪，了解货物的状态及温湿度情况等。在货物运输过程中，企业应该将货物、司机及车辆情况等信息高效结合起来，以提高运输效率、降低运输成本与货物损耗，实现物流作业的透明化、可视化管理。

3. 智能快递终端

工业互联网在智能快递终端的应用是智能快递柜。基于工业互联网，智能快递柜具有对货物进行识别、存储、监控和管理的功能，与 PC 服务器共同构成了智能快递投递系统。PC 服务器处理智能快递终端采集到的数据，并实时在后台更新，这样可以在最短的时间内进行快递查询、快递调配及快递终端维护等。

将货物送达到指定地点并存入智能快递柜后，智能系统自动为用户发送短信，包括取件地址及验证码等，用户可以在 24 小时内随时去智能快递柜取货物，简单快捷地完成取件服务。同时，基于射频识别等技术建立的产品智能可追溯网络系统，如食品的可追溯系统、药品的可追溯系统等，为保障食品安全、药品安全提供了坚实的物流保障。

作为北美 Auto-ID Center 和 EPCglobal Inc.的早期参与者之一，沃尔玛很早就开始进行射频识别的应用、测试和研发工作，主要目的是追踪产品的物流信息。

沃尔玛曾要求其前 100 名大供应商在规定时限内，在供货所用托盘或箱体上贴有附带各种物流信息的电子标签，这是沃尔玛迈出的连锁零售商大规模应用射频识别的第一步，相关供应商的射频识别计划合作也在逐渐深入。

在对 12 个射频识别试点和 12 个不采用射频识别的商店进行 29 周的研究后，沃尔玛发现，实施射频识别计划可以有效降低缺货率和库存量。在补货速度方面，贴有电子标签的货物要比应用条形码的货物快三倍。

沃尔玛对射频识别的应用，是工业互联网的另一种表现。工业互联网以后的发展，要集成物流、运输、仓储、交通等多个领域，同时还要改变航运、海运、陆运等运输方式，更关键的是，要让与生产和物流有关的制造企业受益。

智慧物流体系一方面提高了物流的效率；另一方面保证了产品的质量，产品在有序的流通环节里运行，保障了消费者权益。未来只要与制造业相关的，如汽车、家电、服饰、食物等都能通过工业互联网进行识别、标识、跟踪、监控，以保证物流在合规合法的、高质量的、有效的环境里高效率的安全运转。

物流数字化是物流现代化的集中体现。当前，物流企业正在不断地进行数字化升级，推进物流信息的实时交换，实现从速度到质量的转型。其中，数字化操作系统更有利于提高物流作业的效率；数字化管理平台系统更有利于提高物流现代化管理水平及平台运作效率。

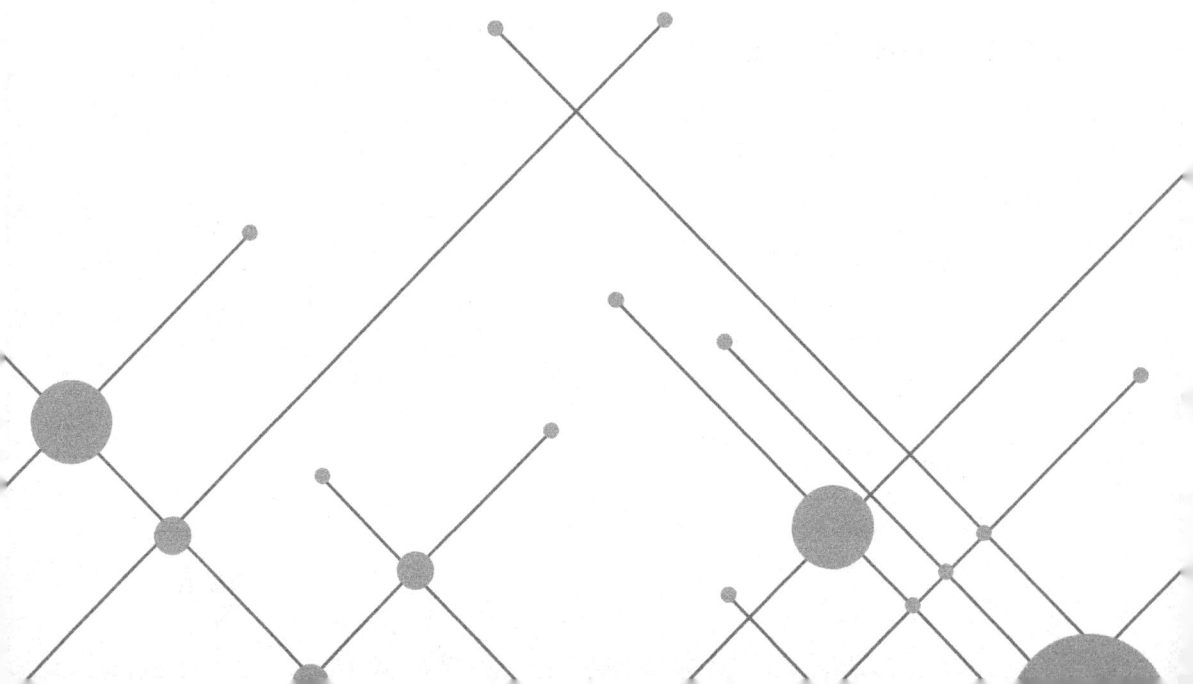

第 **5** 章

工业互联网与 5G、人工智能

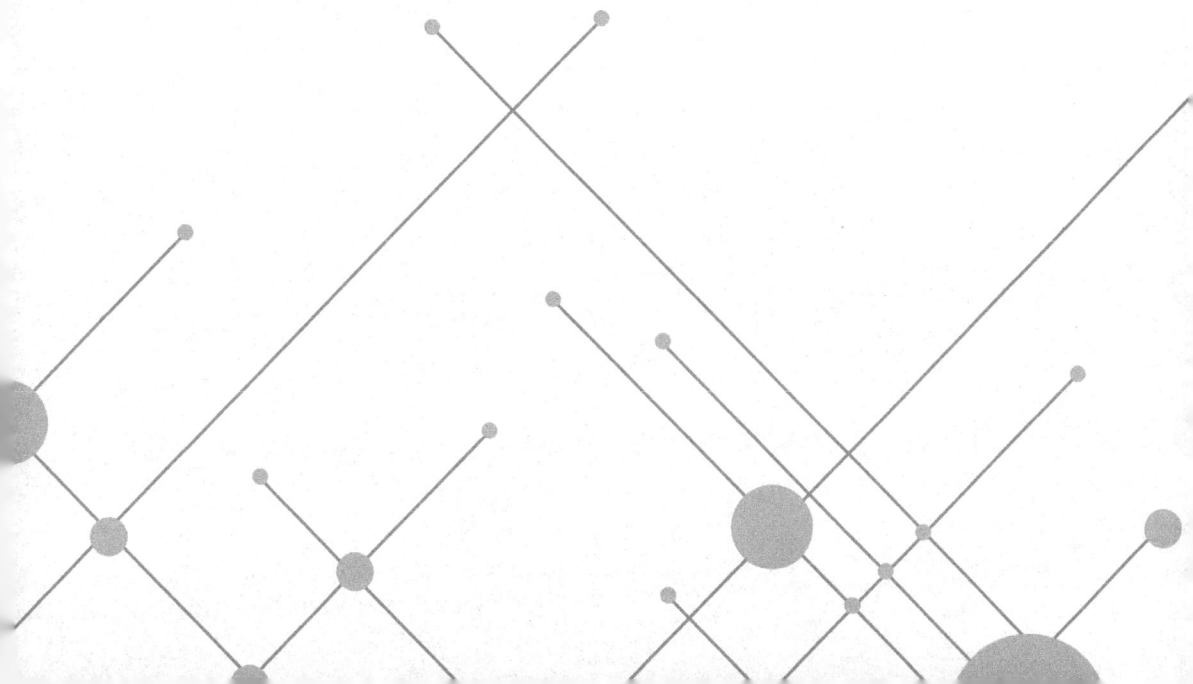

5G、人工智能等前沿技术与工业互联网的融合正在由点及面、由浅入深地逐步实现。在工厂里，自动化生产线有序运行，各项数据显示在大屏幕上，灵巧的机械臂查验产品，这些场景都源自工业互联网与5G、人工智能的"联姻"。

　　引入前沿技术将提升企业应用工业互联网的可能性，工业互联网的相继涌现也为前沿技术的发展提供了试验场。当以喷薄之势迅猛发展的前沿技术遇上受到广泛关注的工业互联网，将发生什么样的化学反应，这是目前非常值得期待的事情。

5.1 5G 赋能工业互联网

5G 是促进工业互联网发展的关键技术之一，而工业互联网也是实现 5G 商用的重要突破口之一，两者是相互成就的关系。具体来说，5G 将从以下四个方面赋能工业互联网：一是 AR 装配、运维、巡检；二是基于机器视觉的照相检测；三是精准、高效的室内定位；四是移动边缘计算与网络切片。

5.1.1 AR 装配、运维、巡检

现在的"5G+工业互联网"应用，大多聚焦在 AR（Augmented Reality，增强现实）方面，包括 AR 装配、运维、巡检等。以飞机制造为例，由于其装配工艺比较复杂，所以企业需要对工人进行培训和资格认证。而 AR 眼镜出现以后，以空间定位和物体识别为基础的数模全息显示就可以实现，这有利于简化飞机制造过程中的虚拟测试、支架拆卸等环节。

借助 AR 眼镜，之前需要 3 个工人完成的工作现在只需要 1 个工人就可以完成。此外，装配的时间也大幅度缩短，装配的准确性也有所提高。企业也可以将装配的过程通过视频的方式记录在云端，以此来加强产品的查验管理。

除了装配，AR 还可以对运维和巡检等工作产生一定的影响。例如，在传统的服务模式下，电站运维协作和水利项目巡检存在数据孤岛、信息传递速度慢等弊端，这些弊端不仅会影响维修人员对问题的判断，还会拉低其解决问题

的效率。

借助 AR 系统，经验丰富的专家可以为维修人员提供"面对面"的远程指导，从而帮助维修人员尽快对设备进行巡检、故障排查及维修。对于维修人员来说，这样做有利于提升工作效率，节省一部分时间和精力；对于电站来说，这样做则有利于节省聘请专家的高昂费用，以及维修人员的差旅费用。

5G 与人工智能的融合，让 AR 装配、运维、巡检成为可能，为 AR 在工业中的大规模应用提供了机会。未来，AR 还可能在更多行业和领域落地，如农业物联网、智慧旅游、安全救援、智慧营销、智能家居等。

5.1.2　基于机器视觉的照相检测

5G 的移动性、安全性促进了其在工业中的应用，如基于机器视觉的照相检测。在传统的生产过程中，产品监测通常由工人负责，这样的方式存在很多问题，如过度依赖工人的知识和经验、成本高、效率低、容易受到主观因素影响、准确度较差等。将 5G 嵌入工业相机和边缘计算网关中，就可以进行移动测量及道边检测，这是机器视觉的重要应用。

2019 年 9 月，海尔集团（以下简称海尔）推出全球首个"5G+机器视觉"解决方案，这个解决方案率先在海尔的互联工厂落地，为海尔带去 5G 机器视觉云化、5G 智能设备管控等创新。借助"5G+机器视觉"解决方案，海尔完成了由场景到生态的升级，也实现了为用户提供定制化服务的目标。

如今，机器视觉虽然已经得到广泛应用，但是依然还有很大的发展空间，而且还存在一些亟待解决的问题，如单机检测成本高、有线传输距离短、线路维护难度大、软件升级周期长、部署调试效率低等。为了解决这些问题，杭州汇萃智能科技有限公司、国家智能电网研究研院、华为、DTS、中国移动等联合起来，携手打造出了基于云的智能移动视觉检测，如图 5-1 所示。

图 5-1　基于云的智能移动视觉检测

通过引入 5G，海尔的互联工厂实现了门缝检测、OCR（Optical Character Recognition，光学字符识别）等场景的精准验证。此外，依靠 5G 的高速率、低时延等特性，智能移动视觉检测系统可以采集和分析海量数据，并用最短的时间将这些数据汇聚到边缘云侧，使其完成深度学习和自动优化。这样不仅可以提高产品检测的准确度，还可充分保证产品的质量。

5G 的出现为工业互联网打开了一扇门，让企业有了更加广阔的想象空间。通过海尔的互联工厂可以知道，5G 在检测、交互方面的应用帮助企业精准地获取了用户的需求，为企业提供了最优的解决方案，进一步推动了超级工厂的实现。

5.1.3　准确、高效的室内定位

在工业领域，室内定位是非常普遍的需求。目前，从技术上来看，室内定位使用的主要是蓝牙、激光、UWB（Ultra Wide Band，超宽带）。从算法上来看，室内定位可以分为两大类：一类是通过光速乘时间来测量距离；另一类是通过智能天线对信源方向进行判断。这两大类算法的准确度没有太大差别，都属于分米级。

5G 的大带宽特性为提高室内定位的准确度提供了技术支持，具体地说，5G 实现了 UDN（超密集组网），保证用户的信号能够被多个基站同时接收。在多个基站协同工作的情况下，室内定位的结果将更加准确，蓝牙、激光、超宽带的地位因此也将受到一定威胁。

目前，5G 下的室内定位虽然还处于研究阶段，但是已经出现了一些值得借鉴的案例。2019 年，北京邮电大学、联通网研院与天津滨海联通合作，完成了以 5G 为基础的室内混合智能定位测试。该测试致力于达成"可以通信就可以准确定位"的目标，将基站测量距离的准确度从数十米缩短到 5 厘米，如果利用 5G 和智能终端甚至可以缩短到亚米级。

相关专家表示，与其他技术支撑下的室内定位不同，5G 室内定位具有独特的融合性。5G 室内定位不仅引入了 5G，还融合了卫星导航、蓝牙、WiFi、超宽带等多项技术。可以说，未来 5G 室内定位将成为一个异构系统，这个异构系统中囊括了各种各样的网络形态，如广域覆盖网、超密集组网、专有无线、WLAN（Wireless Local Area Network，无线局域网）等。

5G 可以让不同场景之间的转换更加自然、高效，而且整个转换过程是自动化、智能化的。例如，在室内场景下采取 WiFi 融合带内信号、PDR（Pedestrian Dead Reckoning，步行者航位推算）的方式，当变为室外场景以后，就自动采取融合多种卫星导航的方式。由此可见，5G 的出现和发展将使定位，尤其是室内定位产生巨大的变革。

5.1.4 移动边缘计算与网络切片

移动边缘计算具有非常强的计算能力和服务能力，因此可以充分满足 5G 的一些要求，如低时延、海量连接业务等。此外，移动边缘技术还可以减轻网络切片和回传链路的负载。如果将工业互联网与移动边缘计算、网络切片相结合，能够使企业获得更多益处。

1．移动边缘计算

华纳兄弟利用英特尔的 5G 和移动边缘计算为用户提供新的服务，如更准确地定位娱乐和多用户游戏。借助移动边缘计算，华纳兄弟大幅提高了 AR、VR（Virtual Reality，虚拟现实）游戏及内容消费的用户体验。由此可见，对于文娱等领域，移动边缘计算可以发挥很大的作用。

2．网络切片

网络切片是将物理网络划分成若干虚拟网络，即根据每个用户对网络的不同需求将网络灵活划分，从而适应不同的场景。例如，用户在观看视频时，系统通过修改参数为用户提供专属的 5G 网络，这样可以保证视频的流畅度。网络切片的"私人定制"服务可以有效保证每一位用户的网络质量。

中国联通和华为共同合作研发的 5G 已经应用于腾讯提供的高清视频网络平台上，为用户带去了更好的视频观看体验。对于 4G 宽带不稳定，观看视频经常出现卡顿，影响观看体验等问题，5G 都可以有效解决。

网络切片以端到端的数据传播形式，降低了观看视频的时延，为用户提供了流畅的观看体验。网络切片为未来的 5G 提升速率、降低成本提供了更多可能，同时也为不同场景的网络搭建创造了有利条件。

作为 5G 的核心技术，移动边缘计算与网络切片拥有非常广阔的发展前景。因此，各科技巨头纷纷开始布局，致力于探索不同技术之间的融合，如诺基亚、华为、英特尔、中兴等。未来，移动边缘计算与网络切片将在车联网、AR/VR、视频优化加速、监控视频分析等方面发挥越来越大的作用，这也将成为资本的重点关注方向。

5.2 人工智能助力工业互联网

人工智能现在比较火热，该技术与工业互联网有着深刻的渊源和联系。相关工业互联网的计算、分析、感应都需要人工智能的参与；人工智能贯穿于工业互联网的各个环节，并让这些环节变得自动化、数字化。

根据经济学常识可以知道，就像马车被汽车替代一样，高能耗、低效率的模式势必会被淘汰。作为可以降低能耗、提升效率的技术，人工智能和工业互联网必须实现融合，这不仅符合时代潮流，也有利于促进社会的进步与企业的转型升级。

5.2.1 工业互联网为"智能+"提供现实路径

在技术为先的时代，"智能+"是企业和政府都关注的重点工程，其中，智能制造更是被确定为中国制造强国战略的主攻方向，其主要目标是解决制造业的问题。"智能+"强调"三化"，即数字化、网络化、自动化，这"三化"与工业互联网有着密不可分的关系。

想要了解工业互联网与"智能+"，首先要明确二者分别是什么。对于工业互联网，前面已经进行了详细介绍，在此不再多加赘述。而"智能+"是一种基于互联网、大数据、云计算、人工智能及物联网等新一代 IT 技术的新形态。

"智能+"具有对深度信息进行自主感知、做出智能化的自我决策、在执行过程中进行精准自我控制等功能。对于工业设计、生产、管理及服务等各个环节来说，这些功能非常重要，不仅可以提升效率，还可以进一步优化流程和服务。

由于消费意识的转换，消费者对产品质量的要求越来越高，这也造成了人力成本的上涨及材料成本的提升。要想降低成本，企业必须对其生产进行转型，而生产智能化将是企业的必然选择。由此可见，"智能+"将成为下一个风口，能够为企业创造更多收益。

工业互联网与"智能+"息息相关，这是因为"智能+"的实现需要依托于两个基础，即先进制造技术和工业互联网。工业互联网使"智能+"的潜能得以充分发挥，具体包括促进企业生产效率的提高、实现企业资源的合理配置、推动差异化产品设计等。

"智能+"是未来各个行业的主攻方向，而工业互联网是必经之路，没有工业互联网，"智能+"很难得到进一步发展。工业互联网是"三化"的前提，是效率变革的基石。随着技术的不断升级，以及各类企业的加入，工业互联网将不断赋能"智能+"。

5.2.2　从机器人到智能机器人

招工难、人力成本不断上涨及生产效率低下等问题正在困扰着诸多企业，为了解决这些问题，机器人的应用范围在逐渐扩大，这一点在工厂中表现得尤为明显。例如，某工厂之前有上百万工人，但是现在以每年几万的趋势减少，这正是机器人潮流的印证。

即使在小企业，劳动力结构转型也已经被提上日程，从而进一步导致了招工热的逐渐消退。很多企业对高附加值工人的需求大幅度提升，而低附加值的工人则开始被机器人顶替。虽然智能机器人可以完成很多工作，但是这并不意味着短期内它能完全顶替工人的位置。

就现阶段而言，我国的机器人处于初级状态，未来的发展道路还很长。另外，依靠我国的生产技术生产出来的机器人虽然能够保持工序的完全一致，但是其应用却局限在大规模生产之中，而且单位时间成本也比较高。

以电器制造工厂为例，引入机器人需要消耗百亿甚至千亿以上的费用，如果一年只生产几百个电器，那么在短时间内很难把成本全部收回来。而且大多数机器人仅能实现单一动作的重复，如果生产线需要同时制造多种电器，对于机械设备与控制系统的要求将更加复杂，投入的资金与时间等成本也将更加巨大。

而对于有精细化生产需求的企业来说，他们需要的是拥有比较完善的自我意识，能够进行准确辨识与灵活组合的机器人。这两点对目前我国的生产技术来说是一个挑战，今后机器人是否能在生产过程中得到广泛应用取决于其识别功能的完善程度。

截至目前来看，机械臂是机器人中发展时间最长的一种，其经过了近 20 年的发展。而占据市场份额最大的依旧是发那科（日本）、ABB（瑞士）、库卡（德国）及柯马（意大利）传统机器人制造的四大家族。

在生产机器人的过程中，虽然有 70%的部件，如控制与视觉系统、电动机等，我国都能做到自主生产，但是剩下 30%的核心部件目前依旧掌握在欧美和日本各国手中，我国只能通过进口的方式获取。在这种情况下，我国的企业必须进行生产技术升级，尽快研发出比机器人更加高级的智能机器人。

当机器人变为智能机器人后，实施中国制造强国战略的步伐会进一步加快，越来越多的企业将实现升级换代。当然，在这个过程中，作为智能机器人核心技术的人工智能将发挥强大作用，推动企业效率的提升和成本的降低。

5.3　智能算法进行数据挖掘的流程

大数据的价值让各个企业对其趋之若鹜。其实大数据的价值在于数据挖掘，即通过挖掘找到对企业有价值的数据。从本质上来说，数据挖掘的目的是通过事物的表象发现其隐藏的规律，并在隐藏的规律中发现看似无关的联系，以此来对未来发展进行预测。

在进行数据挖掘时，智能算法发挥了重要的作用。一般来说，智能算法进行数据挖掘的流程比较固定，包括属性筛选、分类预测、回归预测分析、聚类分析、关联规则分析、时间序列等多个环节。这些环节紧密相连，无论缺少哪一个环节都不可以。

5.3.1　属性筛选

数据挖掘的第一步是属性筛选。与以往人工属性筛选不同，智能属性筛选保证了数据挖掘的效率与准确度。属性筛选是通过搜索数据中的所有属性组合，找到预测效果最好的属性子集。下面将从 Weka（怀卡托智能分析环境）这一软件工具着手介绍数据挖掘中的属性算法。

为了实现属性筛选自动化，Weka 提供了属性筛选面板。实现自动筛选属性需要做好属性评估器和搜索方法的设立。属性评估器决定使用方法，为每个属性分配评估值；而搜索方法执行决定各种搜索风格。目前主要有以下两种属性评估器。

1. 属性子集评估器

属性子集评估器是选择属性的一个子集，然后反馈出对搜索起指导作用的度量数值。例如，Cfs Subset Eval 评估器，它能够评估出每个属性的预测能力及相互间的关系，从中挑选出与类别属性相关度高但是相互间相关度低的属性。只要子集中没有与当前属性相关度更高的属性，评估器就会持续向子集中添加相关度最高的属性。

2. 单个属性评估器

单个属性评估器目前存在的不多，Relief Attribute Eval 算是比较成功的一个。它是在实例的基础上运行的评估器，通过随机抽取样本，检查其中具有相同属性但类别不同的实例。该评估器可以运作在离散型和连续性的数据上，以确定抽样实例的数量，即将检查的临近实例的数量，是否对近邻的距离加权，以及控制权重如何根据距离衰减的指数函数作为参数。

5.3.2 分类预测

数据挖掘的第二步是分类预测。分类预测是指利用数据预测的方法来预测未来结果。其中，分类和预测是两个步骤。一般情况下，分类会用来预测离散类别的数据，其需要预测的属性值是离散的、无序的；而预测则是应用于预测连续取值的数据对象，其预测的属性值是连续的、有序的。

例如，在银行业务中，通常根据贷款申请者的信息判断该申请者是"安全的"还是"有风险的"，这就是数据挖掘中的分类；而进一步分析申请人能够获得多少贷款则是预测的工作。分类与预测中涉及的算法，有的是只能单独进行分类或预测中的一种，有的则是两者皆可。

分类算法能够反映出同类事物间的共同性质的特征，以及不同事物间的差异性。分类是在有指导的学习训练下建立的分类模型，利用模型对尚未进行分类的事物进行分类。分类技术被应用于多个领域，如注重用户细分的市场营销，就可以采用分类技术对用户进行分类。另外，分类技术还可以应用在文献检索和搜索引擎中，其具体表现为自动文本分类技术，在安全领域内也有利用分类技术而进行的入侵检测。

总之，分类是在对已有数据集的学习的基础上，建立一个目标函数模型，将每个属性集映射到目标属性上，特别注意的是，这个目标属性一定是离散的。分类过程可分为两步：一是模型建立阶段；二是评估阶段。

预测与分类的区别在于，分类是用来预测数据的类，而预测则是对空缺或未知的预测。例如，预估明天上证指数的收盘价格是上涨还是下跌是分类，而对收盘价格的预估则是预测。

与分类模型类比，预测模型也可以使用函数 $y=f(x)$ 来表示，其中 x 代表的是输入数值，y 代表的是连续、有序的值。同样，预测算法也可以分为两步。在预测算法中，测试数据集与训练数据集在预测过程中应该是彼此独立的，y 的预测值与实际已知值的差就是预测的准确率。

5.3.3 回归预测分析

数据挖掘的第三步是回归预测分析。回归预测分析是对自变量与因变量之间的关系进行研究的方法。该方法主要通过研究因变量与影响因变量的自变量之间的关系来建立回归模型，从而分析出因变量的大致发展方向。

常见的回归模型有以下四种：

（1）线性回归，其适用于因变量与自变量都是线性关系的情况，线性回归又可分成简单线性回归分析和多重线性回归分析。

（2）非线性回归，其适用条件为因变量与自变量不都是线性关系的情况。

（3）Logistic 回归，其适用于因变量有 1 和 0 两种取值，或者是多种分类的情况。

（4）岭回归，其适用于在自变量之间具有多重共线性的情况。

回归预测分析的步骤可分为以下五步：

（1）根据预测目标的实际情况设置自变量和因变量。

（2）绘制散点图，确定回归模型类型。

（3）估计模型参数，建立回归模型。

（4）检验回归模型。

（5）通过回归模型的结果进行因变量发展预测。

5.3.4 聚类分析

数据挖掘的第四步是聚类分析。聚类分析是指当数据在没有明确分类的条件下，算法可以根据数据的相似度来进行样本分组的方法。经过聚类分析后的数据，同类别内个体间具有高相似度，不同类别个体间差异性较大。

因为聚类模型可以建立在无类标记的数据上，因此它是一种非监督的学习算法。分类模型则需要使用有类标记样本构成的训练数据。

聚类对象有 Q 型聚类和 R 型聚类两种。Q 型聚类，也称样本、记录聚类，其通常以距离为相似性指标，如欧氏距离、欧氏平方距离、马氏距离、明式距离等。R 型聚类是指标、变量的聚类，其以相似系数为相似性指标，如皮尔逊相关系数、夹角余弦、指数相关系数等。

聚类分析的过程为，首先输入一组未被标记的样本，聚类分析会根据组内距离最小化、组间距离最大化的原则，以距离或相似度为依据将数据分到不同的小组。

目前常用的聚类算法有 K-Means 划分法、K-中心点法、多层次聚类法。

K-Means 划分法，也称 K-均值聚类、快速聚类法。在 K-Means 划分法中，K 代表的是聚类算法中类的个数，Means 代表的是均值算法，所以 K-Means 是通过均值算法把数据分成多类的算法。把不同样本点划分到一定数量的类中，使得每个点在最小化误差函数的基础上分放到离它最近的质心（一个类内部所有样本点的均值）对应的类中，是 K-Means 算法的目标。K-Means 算法的原理相对简单，在处理大量数据时会发挥出更大的作用。

为了避免 K-Means 划分法极易受异常值影响的缺陷，K-中心点算法不采用质心作为参考对象，而选用离平均值最近的对象作为分类的参考对象。

多层次聚类法，也称为系统聚类法。该算法的特点是拥有由高到低呈树形结构的分类单位。在其分类单位中类别所处的位置越低，其包含的样本就越少，样本间的共同特征就越多。该算法有一个明显的弊端是只适合在小数据量时使用，因为多层次聚类法的特性使然，在大量数据面前，它的计算速度会非常慢。

5.3.5 关联规则分析

数据挖掘的第五步是关联规则分析。关联规则分析早期的应用是为了解决在超市销售数据库中不同商品间的关联关系的问题，因此它也称为购物篮分析。

关联规则分析主要是为了寻找各项数据间的关联关系。在了解到数据之间的关联关系后，制造型企业就能够利用一个属性的信息推测另一个属性的信息，当其可信度能够被认同时，则可以认为该规则成立。

常用的关联规则算法有 Apriori 算法、FP-Tree 算法、Eclat 算法和灰色关联法。

Apriori 算法的计算路径是通过连接产生候选项及其支持度，然后在进项筛选后得出频繁项集。Apriori 算法是在进行关联规则分析时最常用、最经典的挖掘频繁项集的算法。Apriori 算法具有无法处理连续型数值变量的缺点，在处理这类变量时制造型企业需要先对数据进行离散化处理，然后才能采用 Apriori 算法。

为了弥补 Apriori 算法中无法改变的需要多次对事务数据集进行扫描的缺陷，不产生候选频繁项集的 FP-Tree 算法产生了。

不同于 Apriori 算法和 FP-Tree 算法采用寻找频繁项集的数据挖掘方式，Eclat 算法采用了把数据中的事务分划到每个项下的另一种思路。作为一种深度优先算法，Eclat 算法采用垂直数据表示形式，在概念和理论的基础上利用基于前缀的等价关系将搜索空间划分为较小的子空间。

灰色关联法就是分析和确定数据中各因素之间的影响程度，换个说法就是，一种分析若干子因素对主因素贡献度的方法。

5.3.6 时间序列分析

数据挖掘的最后一步是时间序列分析。时间序列分析是指按照数据产生的时间先后顺序对具有同一统计指标的数据进行排列再形成序列的方法。时间序列分析的目的是根据给定的时间序列，对该数列的未来趋势进行预测。

在进行时间序列分析时，要先对序列进行处理，即纯随机性和平稳性检验。根据检验的结果将序列分为纯随机序列、平稳非白噪声序列和非平稳序列三种不同的类型，并分别用相应的分析方法进行分析。纯随机序列也称白噪声序列，序列的各项之间没有任何关联，序列完全是按照随机的形式进行波动的，毫无规则可寻，这种无法提取出任何有效信息的平稳序列，可以不再进行下一波的分析。

在平稳非白噪声序列中，均值和方差是常数。分析这种序列通常都会采用建立一个线性模型的方式来预测该数列的发展形势，并从中提取有效信息。ARMA 模型是最常用的平稳序列拟合模型。

非平稳序列的均值和方差都不稳定，对于这种序列的分析一般会先将其转化为平稳序列，利用平稳序列的方法进行分析。如果时间序列在进行差分运算后显示出平稳性，则该时间序列为差分平稳序列，可以使用 ARIMA 模型进行分析。

目前常用的时间序列模型有以下几种。

（1）平滑法，其经常应用在对趋势的分析和预测上，利用修匀技术，减轻短期内的随机波动对序列的影响，使序列表现为平滑化的形式。根据平滑技术使用形式的不同，可以将平滑法分为指数平滑法和移动平均法。

（2）组合模型。时间序列的变化经常会受到季节变动（S）、周期变动（C）、长期趋势（T）及不规则变动（I）几种因素的影响。根据序列的特点，组合模型可以是加法模型也可以是乘法模型。加法模型的公式为 $X=S+C+T+I$。乘法模型的公式为 $X=S×C×T×I$。

（3）趋势拟合法是以时间为自变量，以相应的序列观察值为因变量，从而建立回归模型的方法。在趋势拟合法中，根据序列的特点可分为线性拟合法和曲线拟合法两种方法。

（4）ARIMA 模型。许多非平稳数列在进行差分后会呈现出平稳序列的性质，由此可称其为差分平稳序列。差分平稳序列可以利用 ARIMA 模型进行拟合。

（5）ARCH 模型能够准确地模拟出时间序列变量的波动性变化，适用于具有异方差性并且异方差函数短期自相关的序列。

（6）GARCH 模型也被称为广义的 ARCH 模型，是对 ARCH 模型的拓展，更能反映实际序列中的长期记忆性、信息的非对称性等性质。

5.4 案例汇总：融合是大势所趋

工业互联网与 5G、人工智能的融合是大势所趋，为了适应时代发展，很多企业摩拳擦掌，如商飞（中国商用飞机有限责任公司的简称）借 5G 打造了航空智慧工厂、海尔推出了 COSMOPlat 等。在各方的追捧中，工业互联网俨然已经成为当下的一个巨大的风口、一个过热的 IP。虽然这项技术缺乏真正意义上的应用场景，与市场预期还有较大的差距，但是 5G、人工智能的进入将会改善这种情况，到时，与商飞、海尔相类似的企业将越来越多。

5.4.1　商飞：借 5G 打造航空智慧工厂

2019 年 2 月，联通与商飞达成合作，共同推出了首个真正意义上的航空智慧工厂，这也是 5G 在航空领域的典型应用。此次合作将 5G 带进了航空智慧工厂，使大型飞机的制造流程化繁为简。

引入 5G 之后，多个控制系统与管理系统实现了互联，航空智慧工厂的运营成本大约降低了 20%，生产效率则大约提高了 25%。可见，5G 的商用价值和发展潜力十分巨大，这也是该项技术融入大型飞机制造流程的重要原因之一。

5G 可以满足大型飞机制造对低时延、大带宽、智能化、可靠性等方面的需求，是推动工业互联网进一步发展的重点。目前，联通与商飞借助 5G，结合云储存、移动边缘计算、大数据、人工智能、物联网等新兴技术，将生产、质检、销售、营销、售后等环节连接起来，不仅可以实现数据共享、自动决策，还可以为航空智慧工厂打造一个"聪明的大脑"。

联通与商飞之间的合作其实早就已经有了苗头，双方经过深入地探索和研究，将航空智慧工厂变成了 5G 时代下的一个极具代表性的项目。在航空智慧工厂中，5G 主要被应用于三个方面，如图 5-1 所示。

工人管理　产品管理　数据管理

图 5-1　5G 在航空智慧工厂中的主要应用

1. 工人管理

在工人管理方面，因为大型飞机制造涉及很多机密，对安全性有非常高的要求，必须对工人的出入进行严格管理。为此，航空智慧工厂的车间出入口都安装了门禁系统，这个门禁系统具有人脸识别功能。借助 5G 的低时延、高速率，人脸与储存在"云"端的记录能够以最高的效率完成精准比对，从而提高门禁系统的安全性，避免无关人员随意出入。

2. 产品管理

在产品管理方面，大型飞机制造需要各种各样的零件，但精细的工作仍然需要由工人负责。通过以 5G 为基础的室内定位系统，航空智慧工厂将零件定位误差进一步缩小，现在已经控制在 3 厘米以内。这样一来，工人就可以在最短的时间内找到自己需要的零件，或者将使用过的零件归回原位。

3. 数据管理

航空智慧工厂利用 5G 对数据进行采集和分析。过去，传统工厂总是把质检工作放在最后，这属于事后监管；现在，设备中植入了传感器，传感器可以采集设备运行时的所有数据，并在第一时间将数据上传到云平台进行分析。如果数据与产品的数据模型不匹配，那就说明产品的质量出现了问题，这时系统就会自动发出预警，然后由工人对其进行审核和处理。

将 5G 融入质检工作不仅可以保证产品的质量，还可以提升零件的检测效率。此外，为了创造沉浸式体验，辅助设备的巡检和维护，联通与商飞还实现了 AR/VR 与 5G 的有机结合，以及虚拟数据模型与现实空间的有机结合。

自 2018 年以来，联通与商飞的航空智慧工厂已经取得了多项成就，见表 5-1。

表 5-1　航空智慧工厂取得的成就

时间	航空智慧工厂取得的成就
2018 年	航空智慧工厂入选工业和信息化部工业互联网网络化改造集成创新应用试点示范项目
2018 年	航空智慧工厂被评为工业互联网产业联盟上海分盟优秀工业互联网解决方案
2019 年	航空智慧工厂荣获第二届"绽放杯"5G 创新应用大赛一等奖，以及 2019 年上海市信息化发展专项资金；同时还入选了 2019 年工业互联网平台优秀创新应用案例

作为 5G 时代一个极具代表性的项目，航空智慧工厂一直在转型升级，积极推动"5G+工业互联网"的落地应用。这种做法不仅可以优化大型飞机的制造流程，还可以助力我国航空目标的顺利实现。以联通、商飞为首的企业将在此过程中扮演非常重要的角色。

5.4.2　海尔：COSMOPlat 实现资源无缝对接

继工业和信息化部在 2019 年公布了第一批十大工业互联网"双跨"平台之后，美的、华为、徐工（徐州工程机械集团有限公司的简称）等巨头也纷纷发力。在众多工业互联网平台中，海尔旗下的 COSMOPlat 表现得极其出色，取得了大量的荣誉和成绩。

海尔打造的 COSMOPlat 工业互联网平台主要分为四层。一是为聚合全球资源，以分布式的方式调度各类资源并使各类资源实现最优搭配的资源层；二是为支持制造企业应用的快速开发、部署、运行、集成，将工业技术软件化的平台层；三是提供互联工厂应用服务，输出全流程解决方案的应用层；四是在互联工厂的基础上，实现资源共享的模式层。

COSMOPlat 的主要作用是实现企业对大规模定制的需求。为了实现该需求，COSMOPlat 在其工业互联网平台上聚集了系统集成商、独立软件供应商、技术合作伙伴、解决方案提供商和渠道经销商，致力于打造工业新生态。

在具体操作时，用户只需要通过各种智能设备，如手机、计算机等提出需求，COSMOPlat 就会对该需求进行检测。当需求已经积累到一定程度后，通过 COSMOPlat 上已经实现连接的互联工厂就可以完成产品的研发与生产，最后给予用户所期望的个性化产品。

由此可见，COSMOPlat 完全符合工业互联网商业模式中的个性化定制，该工业互联网平台以用户参与产品生产流程、为用户提供定制化服务、个性化消费需求为特征，几乎完全颠覆了过去统一设计、标准化大批生产、同质化消费的传统模式。

在工业互联网的应用下，用户已经不再是消费者这一单一的身份，在身为消费者的同时，用户也是产品的设计者和生产者。这样以用户需求为生产前提的商业模式将能实现企业生产产品与消费需求的完美契合。这种颠覆传统的个性化定制形成了以用户需求为主导的全新商业模式，实现了用户在交互、定制、设计、采购、生产、物流、服务等环节的全程参与。

可以预见的是，如果这种商业模式可以大规模复制到其他行业和领域，很可能会引发新一轮的生产革命，其前景可期。海尔的 COSMOPlat 致力于为企业提供全生命周期的生态服务，有利于整合各个环节的资源，获得未来消费格局下的新价值与新回报。

5.4.3 华为：构筑全新的 OceanConnect IoT

OceanConnect 是华为推出的一个 IoT（Internet of Things，物联网）生态圈，该生态圈以 IoT 连接管理平台为基础，通过开放 API（Application Program

Interface，应用程序接口）和系列化 Agent（分布式的人工智能）将上下游产品的能力融合在一起，从而为用户提供车联网、智能抄表、智慧家庭等端到端的行业应用。

对于 OceanConnect，华为提出"1+2+1"策略，即 1 个开源物联网操作系统，2 种连接方式（有线连接与无线连接），1 个物联网平台。作为华为技术布局过程中的一个重要环节，OceanConnect 具有非常重要的价值，如图 5-2 所示。

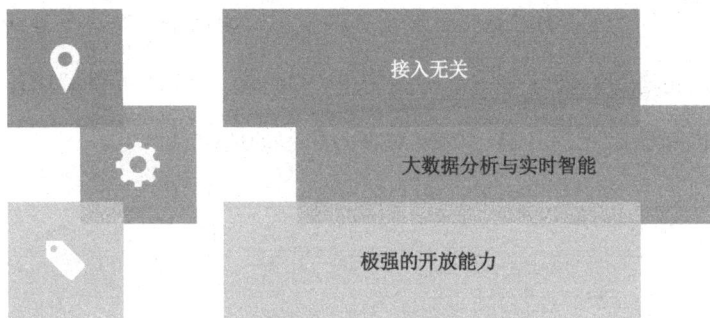

接入无关

大数据分析与实时智能

极强的开放能力

图 5-2　OceanConnect 的价值

1．接入无关

接入无关是指 OceanConnect 支持任意设备和任意网络的接入，这样不仅进一步简化了各类终端厂家的开发过程，还可以让用户聚焦于自己的核心业务。如今，为了充分满足开发需求，OceanConnect 已经推出了近 200 个开放 API，同时还致力于帮助终端厂家实现连接安全。而系列化 Agent 则为设备和网络的接入提供了坚实保障。

2．大数据分析与实时智能

OceanConnect 不仅可以对云端平台、边缘网关、智能终端进行自动化、分层次地控制，还可以提供智能分析工具，如规则引擎等。另外，作为技术创新的突出贡献者，华为一直坚定不移地支持主流国际标准的制定与推行，因此

OceanConnect 可以在全球范围内应用。

3．极强的开放能力

OceanConnect 有三层开放能力。首先，应用层的开放主要面向程序开发者，为其提供开发使能套件；其次，平台层的开放主要面向集成开发者，为其提供业务安排和设备管理等服务；最后，设备层的开放主要面向终端开发者，为其提供系列化 Agent 及设备开发工具。

目前，华为的 OceanConnect 涉及多种生态，如水平生态、车联网生态、第三方云互通生态等。在这些生态的助力下，OceanConnect 可以满足各类开发需求，华为也能够借此提升自己的技术实力和市场地位。

第 **6** 章

安全保障：工业互联网应用的重要前提

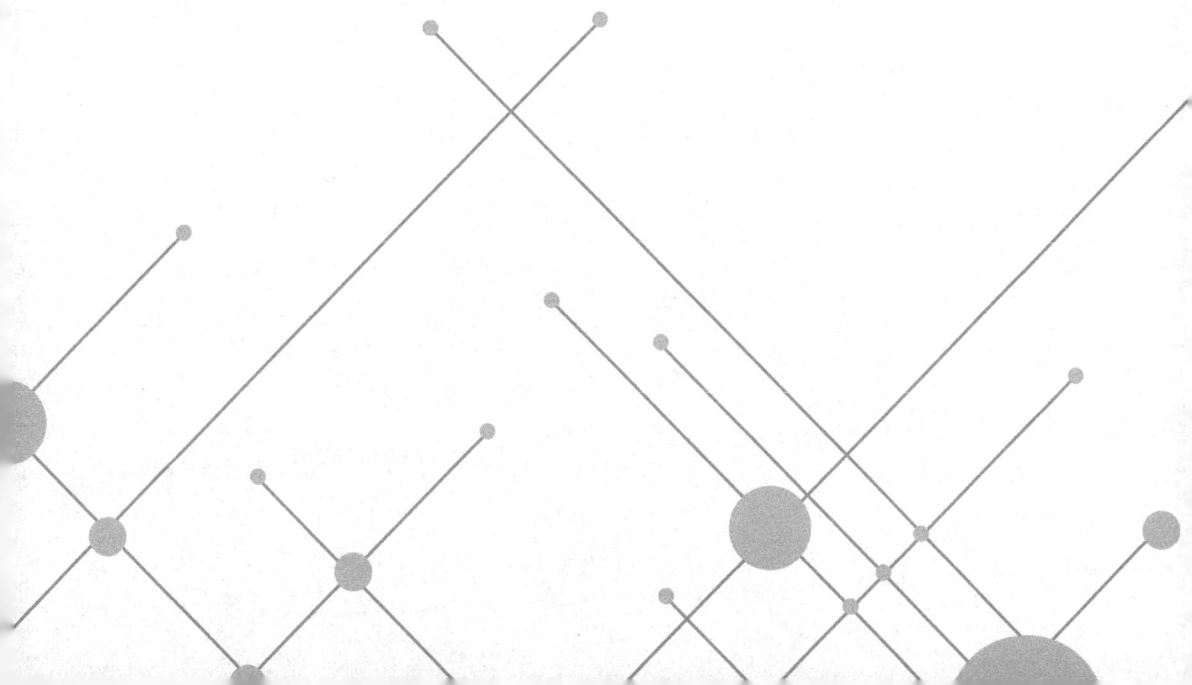

在工业互联网快速发展的进程中，各个领域都在与之融合，其中不乏关乎社会安全甚至国家安全的行业，所以，工业互联网的安全问题也日益凸显出来。为了避免因为安全问题带来的一系列危害，企业需要在工业互联网方面建立完善的安全架构，尽快突破一批与安全相关的技术，重点发展高端产品，形成具有市场竞争力的产品体系。

6.1 工业互联网的安全问题

从互联网发展伊始，安全问题始终都是从业者多年以来一直想要攻克的难关。同理，工业互联网的安全问题急需得到充分的技术保障。由于工业互联网比消费互联网的数据更有价值，稍有不慎都会引起重大损失，所以安全问题考验着企业与政府的各项能力。当前工业互联网面临三大安全问题：

（1）漏洞、勒索病毒与精准打击的 APT 攻击。

（2）CPS 带来新的安全隐患。

（3）工业互联网安全事件随处可见。

6.1.1 漏洞、勒索病毒与精准打击的 APT 攻击

工业互联网正面临一个非常关键的高速发展期，其市场规模有望突破万亿元。与此同时，工业互联网所面临的安全问题也不容忽视，其中最具代表性的是漏洞、勒索病毒与精准打击的 APT（Advanced Persistent Threat，高级持续性威胁）攻击。

1. 漏洞

由于信息系统的安全水平不是特别高，因此工业互联网存在较多漏洞。如果这些漏洞被不法分子利用，将会产生非常严重的后果。现在，我国每年新增上千个工业互联网漏洞，未来信息安全问题将呈现高发状态。

在工业互联网联盟中，一共有 20 多家企业的信息系统都出现过漏洞，其中还有一些是高危漏洞。当然，这只是所有漏洞中的一部分，因为现在有很多缺乏安全保障的工业设备都暴露在公网上，它们很容易成为不法分子的攻击目标。

2．勒索病毒

在各种勒索病毒不断爆发的当下，工业互联网遭受攻击的现象时有发生。例如，海德鲁（挪威的一家大型制造企业）的业务就曾经遭受了勒索病毒的攻击，导致不得不关闭几条自动化生产线。在此事件曝光后，海德鲁的股价也出现大幅度下跌，经济损失惨重。

随后，瀚森（美国的一家化工企业）等多家企业也遭受了勒索病毒的攻击，该病毒不仅会对操作系统造成严重破坏，还会勒索加密文件。由此可见，勒索病毒具有明显的恶意攻击性，所以企业必须提高警惕。

3．精准打击的 APT 攻击

除了漏洞和勒索病毒以外，有组织针对性的网络攻击（APT）也会对工业互联网造成严重危害，甚至还可能导致生产事故。当发生生产事故时，不仅会影响生产的稳定运行，还会使企业的效益大幅度下降。

随着"工业互联网+"的不断深化，越来越多潜在的安全问题在不断酝酿着，这些问题与企业、机构、政府部门、用户息息相关。因此，如何结合实际情况与市场现状进一步解决工业互联网的安全问题，已经成为当下应该深入思考和探讨的问题。

6.1.2　CPS 带来新的安全隐患

提起 CPS（Cyber-Physical Systems，信息物理系统）人们应该会感到陌生，它是一套支撑信息化技术与工业化技术深度融合的综合体系，也是一项随着互联网发展被研发的新技术。CPS 主要通过对先进的计算、通信、感知及控制等信息技术和自动控制技术的集成，使物理世界或信息世界中的设备、人力、信息环境等要素之间能够做到相互映射、高效协同、实时交互，实现企业系统内部资源配置和运行的及时响应、快速迭代及快速优化等。

2006 年，美国 NSF（National Science Foundation，国家科学基金会）提出了 CPS 概念，并开始了长达 10 年的新学科建设。当时美国希望能在 10～20 年的时间内，为信息系统与物理系统的结合构建出一套新的学科。然而，美国商务部下属 NIST（National Institute of Standards and Technology，国家标准与技术研究院）在 2014 年就已经开始推进 CPS PWG 相关工作，可见在 2014 年美国的 CPS 体系已经基本完成，并进入了应用阶段。

此后，CPS 也获得了其他国家的重视，德国工程院启动 agenda CPS 项目，并发布《信息物理系统综合研究报告》。在该项目中，德国率先提出了"CPS+制造业=工业 4.0"的概念，并积极开展对工业 4.0 的探索研究。

目前，NSF 仍在继续对 CPS 项目相关研究提供资金以表支持，并在项目申请要求中明确提出人工智能的应用，这给 CPS 带来了大量的研究机会。

由于在 CPS 中物理世界与信息世界的高度融合，使得通过对信息世界的入侵破坏整个系统的信息攻击成为 CPS 始终挥散不去的安全问题。CPS 中的信息攻击主要包括以下几种。

1. 干扰通信

这种信息攻击方式是通过对系统节点间的通信连接及数据包路由的干扰或直接阻断，使系统无法实施管控，从而影响或破坏系统的运行及性能。这种信息攻击最常见的攻击方式是 DOS 攻击，其通过对控制器或网络发送大量无效数据，使网络忙于处理无效信息而无法对正常的服务请求做出回应。

2．获取隐私

该方式通过监听系统节点间的通信数据、数据流向和流量等信息，在对信息进行分析后，一方面可以窃取系统中的各种隐私信息，另一方面还能了解把握系统的运行模式，进而有利于对系统的进一步入侵。

3．入侵攻击

在攻击者掌握了一定的信息后，就能够通过潜入系统内部，干扰或破坏系统节点的正常运行、劫持或使系统瘫痪、对系统进行一系列的破坏等。例如，网络钓鱼攻击是一种常见的入侵攻击，其通过伪装恶意邮件或网站，欺骗用户在其中输入自己的隐私信息，或者通过引导用户下载、安装恶意软件盗取用户设备中记录的隐私信息。

CPS 的安全问题应该得到相关研究人员的高度重视。因为上面只阐述了 CPS 中有关信息安全的问题，但 CPS 的安全问题绝不会只存在于该领域中。CPS 的组成是由物理组件与信息世界融合而成的，该特征为恶意攻击者提供了不同于攻击消费互联网的途径，他们可以选择通过影响物理组件而实现其目的。

6.1.3 工业互联网安全事件随处可见

在互联网界曾发生过一件关于网络信息安全的大事件——Facebook 五千万用户数据泄露事件。由于 Facebook 的用户遍布全球，所以英美及欧洲各国政府都对此事件进行了强烈关注并展开调查。在此次恶性事件的影响下，该企业遭受了重大打击，除了股值暴跌，还面临大金额的罚款处罚。该事件也警醒了大众，要时刻关注网络信息安全问题。

事实上，信息泄露的事件不仅出现在 Facebook 身上，近年来信息泄露事件已经屡见不鲜。例如，互联网巨头雅虎每年都会发生信息泄露事件，甚至在前几年还出现了电信诈骗致死案。

信息安全及泄露问题不只局限于互联网与日常生活之中。随着大数据在工业生产中的运用，工业信息也同样面临严峻的安全问题，而且在工业中的网络攻击还将对实体设备产生影响。

曾经的震网病毒席卷过全球的整个工业界，使大量企业系统短时间内无法正常运作。震网病毒后来也被专家称为全球首个"超级工厂病毒"，全球有 45000 个网络遭受该病毒影响，其中对伊朗布什尔核电站的影响最大。

在震网病毒出现后不到一年的时间，又检测到震网病毒的进化版——Duqu 木马病毒。这种病毒要比震网病毒更"聪明"且更强大。有很多企业表示他们的设备中有 Duqu 木马病毒代码的存在。但是和震网病毒破坏工业控制系统不同，Duqu 木马病毒只是潜藏在系统之中窃取各种信息，其将何时或是否产生攻击行为，现今仍处于未知的状态。

乌克兰多个区域曾出现大规模意外停电，造成这次停电的原因是其各处的电力系统遭到了恶意软件的攻击。此次停电事故长达数小时，给超过 140 万人带来了困扰。另外，在发电站遭受攻击的同时，处于乌克兰境内的许多能源企业也遭到了网络攻击。

在全球范围内，工业互联网的发展都处于初级阶段。这不仅代表着工业互联网的技术还不成熟，还表示其还有很多潜在的危险尚未被发掘出来。在不久的将来，工业互联网所面临的安全问题可能不只有工业网络攻击。虽然现今互联网及智能硬件产业的发展促进了制造业的蓬勃发展，但是这其中暗藏的重大安全隐患还需国家及制造企业多加关注。

6.2 不同层面有不同安全隐患

工业互联网的实质是"工业+互联网",也就是说,支持工业互联网的底层技术依然是由传统的传感器技术、数据采集技术、数据传输技术和数据处理技术构成的。如果传统技术中存在很多尚未得到解决的问题和仍需弥补的安全漏洞,那么这些问题将会随着互联网在工业生产中的应用进一步被放大并产生更严重的安全隐患。

随着"万物互联"的逐步实现,如果不能及时解决传统技术中存在的问题,这些安全隐患将会存在于工业互联网的各个层面中。这无一不是对工业互联网安全性的挑战。

6.2.1 全面感知层:设备节点构造过于简单

整个物联网的基础层就是全面感知层,它也是最底层。通俗意义来讲,全面感知层就是由具有感知、识别、控制和执行等能力的多个设备组成的感知系统。其中包括的设备有传感器节点、智能终端及 RFID(Radio Frequency Identification,射频识别)节点。其目的是通过对物体及环境数据的获取,进而实现对物理世界的感知和识别。全面感知层的安全风险主要存在于两大层面——物理层面和软件层面。

从全面感知层的物理层面来看,其安全隐患来源于当前感知层的设备节点正朝着微型化的方向发展，其构造的简单化趋势使设备节点的综合防护能力存在缺陷。加上价值设备节点一般处于生产一线这种恶劣的工作环境，且位于监控的盲区，这更是增加了其危险系数。而且全面感知层的设备节点在工业物联网中的重要位置也导致了其一旦遭到非法操作的破坏，产生的连锁反应将有可能导致整个工业互联网系统受到影响。

从全面感知层的软件层次来说，全面感知层的设备节点功能比较单一，中央控制器处理能力不强，攻击者很容易利用暴力攻击或堆栈溢出的方式控制终端设备，并在其中伪造身份，使得攻击者能够毫无阻拦地进入工业物联网内部。

6.2.2　可靠传输层：身份认证及通信问题

在物联网中，对数据进行传输的传输层主要是利用移动通信网、互联网、专业网、小型局域网及三网融合通信平台等应用进行数据传输。由于工业物联网是由多系统、多平台与多设备共同组成的，其构成元素的多样性导致了工业物联网对多种数据传输方式、传输协议及多种开放端口的协调需求。这为工业物联网带来了以下两个安全隐患。

（1）感知层节点间的数据调度及身份认证问题。工业物联网中的无线传感器网络是由感知层中的大量数据采集节点以集群的方式构成的，这中间的运作需要传输层做好调度工作。如果出现调度问题，工业物联网将很有可能出现数据堵塞、数据丢失或拒绝服务的情况。另外，传输层每个终端节点的身份认证都会消耗大量的网络资源，使传输效率受到不良影响。

（2）底层数据的加密传输与通信问题。传感器数据形式多样，使得无线传感器接口数据均采用自定义格式，数据加密也仅采用了逐条加密的方式，并且为保证组件间的兼容性，工业物联网开放大量网络端口等因素导致数据在传输过程中易被窃取。

6.2.3　智能处理层：非法的人为干预

工业物联网的智能处理层是由多个具有不同功能的智能处理平台组成的。它们一般会通过云计算、网格计算等方式加强、组织、调试这些平台的运算能力。

智能处理层会根据不同的需求使原始数据在经过分析处理后转换为相应的格式，使同一感知数据能够在不同应用系统间实现数据共享。处理层还可以在接收到数据和应用层用户指令的情况下做出智能决策，调控子系统内部的预设规则，或改变子系统及感知设备的运行状态。

智能处理层的安全风险主要包括非法人为干预及恶意攻击导致系统稳定性降低从而使数据智能处理失控、设备丢失等。

正常情况下，整个工业互联网系统的大部分数据都汇集在智能处理层中。所以当处理层在处理数据时，可能会产生大量计算使处理层无力应对病毒代码的攻击。智能处理层在整个工业物联网的层级结构中处于核心地位，一旦其受到非法的人为干预导致硬件遭到入侵，不仅会对本层级的运用及决策的产生造成影响，其上下层也将受到打击，整个系统将处于不可控的危险状态。

6.2.4　综合应用层：数据的泄露和篡改

物联网中最高级的算法层级是综合应用层。综合应用层主要是对管理人员或终端用户提供定制化、个性化业务，包括身份认证、隐私保护等。同时，应用层的附加作用是衔接处理层、预留人机交互接口并提供用户操作指令，通过这些接口实现用户利用 TV 端、PC 端、移动端等多终端设备的网络访问活动。

多样性和不确定性是综合应用层的特点。工业生产实际应用环境的不同也造成其安全需求的不同，超大量终端、海量数据、异构网络和多样化系统导致了各种不同的安全问题，并且有些安全问题难以预测。

数据共享是物联网应用层的主要功能之一，而数据隐私性、访问权限和信息泄露追踪等又是数据共享出现问题的高发区。

由于工业物联网的目标是连接产品与用户，这就导致了工业物联网必定要对用户的个人信息、使用习惯等隐私数据进行搜集，如果在这一过程中应用层出现差错，很有可能会导致用户隐私数据泄露。

至此，我们分层级了解了在整个工业物联网系统上，各个层级在安全问题上存在的不同隐患。所以，工业互联网在应用中，无论是以底层传感数据为基础数据的逐层传输过程，还是不同应用程序对数据的访问过程，都有可能发生数据泄露。

6.3 为工业互联网构建强大的安全保障

作为一个技术与实体产业深度融合的产物，工业互联网已经成为工业现代化的重要支撑，其安全问题对企业效益和国家经济而言也十分关键。如今，很多专家都在强调，要想促进企业的发展、提升国家的竞争力，就必须为工业互联网构建强大的安全保障体系。因此，我们应该掌握应对安全问题的技巧，以巩固工业互联网安全管理体系。

6.3.1　应对安全问题的三大技巧

前面已经说过，工业互联网存在比较严重的安全问题，这一点在 5G 时代表现得尤为明显。面对如此局面，我们应该如何保障工业互联网的安全？具体可以从以下三大技巧着手，如图 6-1 所示。

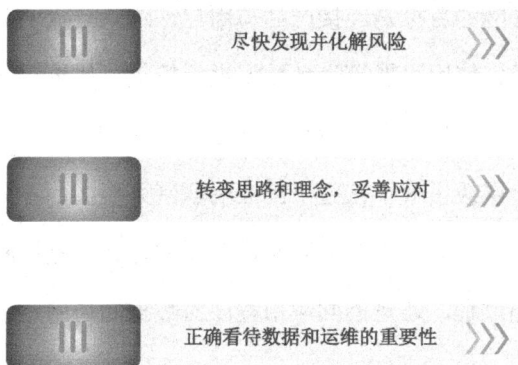

图 6-1　应对工业互联网安全问题的三大技巧

1. 尽快发现并化解风险

如今，工业互联网的基础设施建设越来越完善，各项先进技术的应用范围也更加广泛，这就需要企业进行全面排查，尽快发现并化解风险。此外，企业还应该做好整改处置工作，建立层层防护、便于实施的安全管理机制。

2. 转变思路和理念，妥善应对

面对新的时代背景，企业应该转变思路和理念，制定新的战略和方案，妥善应对工业互联网的安全问题。首先，以设备、数据、网络、平台等为基础，不断完善安全防护措施；其次，与其他相关企业开展合作，共同研发安全防护系统；再次；对即将上线的工业互联网产品进行安全评估和检测，避免风险大范围扩散；最后，严格把控工业互联网数据，当出现数据泄露事件时，要在第一时间启动响应机制。

3．正确看待数据和运维的重要性

在数据方面，企业需要对工业互联网中的所有层面进行监控，同时以数据感知与分析为基础建立数据库。有了数据库，企业就可以根据储存在云端的情报，实现对工业互联网安全问题的预防、发现，以及追溯。

在运维方面，企业应该开发运维中心，并为运维中心配置相应的业务和工作人员。运维中心的主要作用是监控并处理工业互联网安全问题，以及对合作伙伴进行规划，这可以使企业顺利、高效地应对各类突发事件。

对于企业来说，工业互联网的安全关乎战略实施的进程和效果。为了让这项工作顺利落地，企业除了要开放协同，寻求外部合作，还要在立足现实的基础上积极创新。在工业互联网时代，之前的个体突破模式已经不再适用，取而代之的应该是跨行业、跨领域的携手发力，这样才可以筑牢工业互联网的安全根基。

6.3.2　巩固工业互联网安全管理体系

在工业互联网安全问题渐趋突出的形势下，巩固工业互联网安全管理体系十分必要。那么具体应该怎样做呢？（见图6-2）

1．建立工业互联网安全管理制度

建立工业互联网安全管理制度，首先要明确各个主体的责任，将责任落到实处；其次要设置工业互联网相关安全标准，如标识解析标准、工业互联网平台安全标准等；最后要加强监督检查、风险评估、数据保护等方面的工作，不断提升工业互联网的安全防护能力。

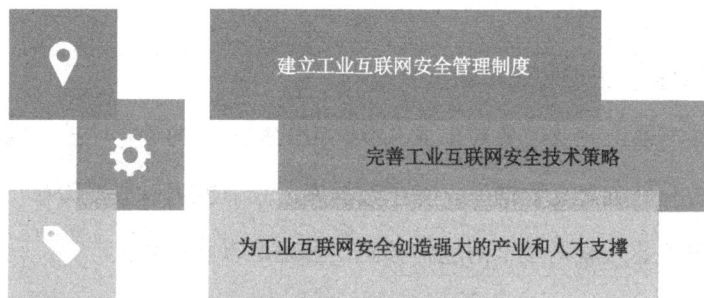

建立工业互联网安全管理制度

完善工业互联网安全技术策略

为工业互联网安全创造强大的产业和人才支撑

图 6-2　巩固工业互联网安全管理体系的方法

2．完善工业互联网安全技术策略

建立全面监测系统，提升针对工业互联网安全问题的监测能力；建立风险预警平台，对可能出现的风险和潜在隐患进行预警与防控；建立攻防技术试验平台，进一步完善技术试验，持续优化企业业务系统的安全性和稳定性。在这些策略的助力下，工业互联网的安全性、应急处理能力、威慑力等都会有大幅提升。

3．为工业互联网安全创造强大的产业和人才支撑

企业和政府部门都应该鼓励与工业互联网安全相关的技术研发及成果转化。以便尽快攻克可编程逻辑控制器（PLC）、工业互联网平台、标识解析系统等领域的难题。此外，政府部门还应该连接高校和企业，促使二者共同进行人才培养工作。

作为保障工业互联网安全的两大主体，政府部门和企业要结合实际情况，共同建立创新支撑平台，携手促进安全产业的发展。此外，政府部门还要充分发挥自己在资源配置中的作用，将产学研用多方力量汇聚在一起，形成一个安全防护生态圈。

第 **7** 章

数字工厂：工业互联网的经典落地场景

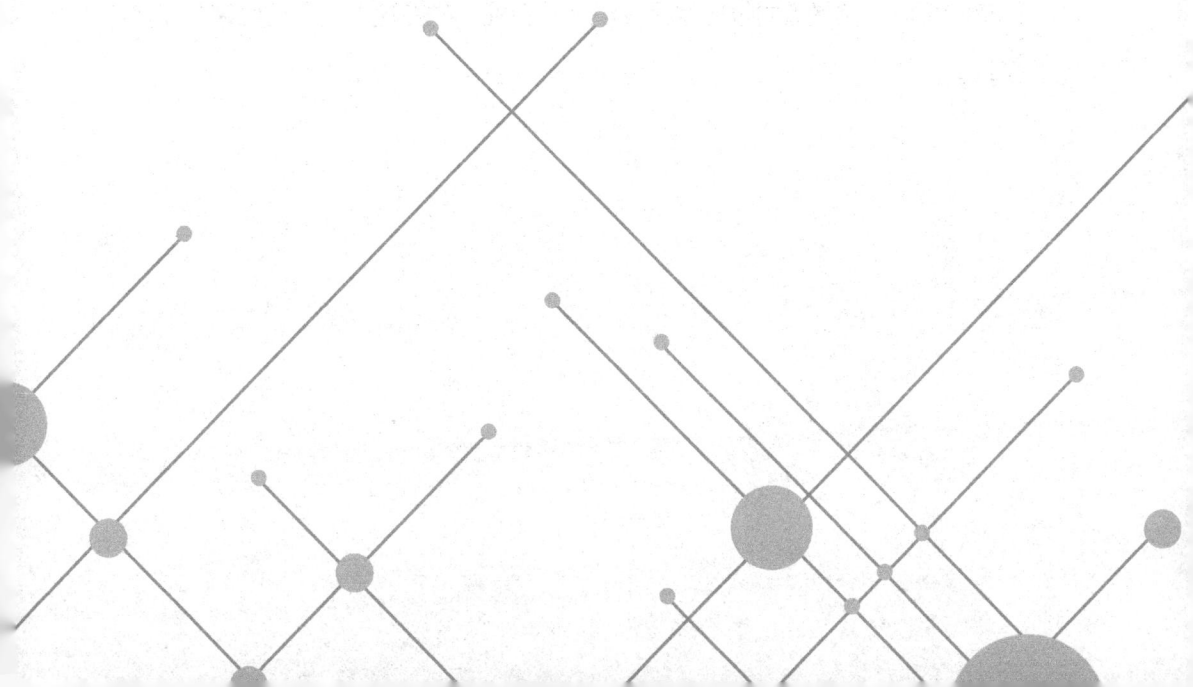

在工业互联网技术的支持下，各大制造型企业纷纷开设了数字工厂。建设数字工厂的主要目的是最大限度减少人为干预，并由设备实现实时监控，为企业大大缩减人力成本。例如，数字化、智能化车间实现了各个生产环节的互联互通，云系统改善了工人的工作流程等。

在未来的十几年里，"如何做行业领导者"将成为热点话题，任何一家企业都不愿意错过数字工厂这趟超级列车。但是事实告诉我们，真正能搭上超级列车的企业一定是实力雄厚或理念过人的企业，往往这些企业已经建立了数字工厂。

7.1 数字工厂概述

随着工业互联网技术的不断深入，制造型企业打造数字工厂已经成为全球工业的发展趋势。越来越多的企业为了保持和提升自身竞争力，都开始了对数字工厂的探索和尝试。要想了解数字工厂，需要从生态系统、无纸化实时对接等方面着手。

7.1.1 数字工厂的生态系统

为了更好地理解数字工厂的生态系统，以自然界为例进行说明。对自然界来说，所有的生物和非生物成分（如阳光、空气、水、无机盐、动植物、微生物等）组合在一起，就会构成一个生态系统。其中，系统内部通过能量的流动形成一定的营养结构，保持生物多样性和物质循环。

在数字工厂中，生态系统是可以最大限度地实现跨越时空、地域和供应链的信息集成。在产品生命周期内（见图7-1），数字工厂可以充分利用分布在各个子系统中的数据和智力资产，以保证生态系统的动态平衡。

导入期：生态系统利用动态数据流和智力资产分析出客户需求，完成产品的概念设计和验证过程，以达到提高效率、延长产品生命周期的目的。

成长期：生态系统通过销售端，完成产品规模的扩张。

成熟期：生态系统利用动态数据流和智力资产，迅速进行产品的变型、引申和改良。

产品生命周期曲线

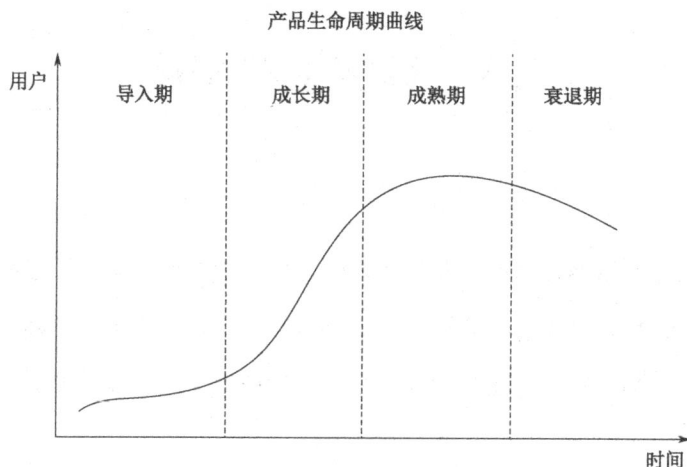

图 7-1　产品生命周期

衰退期：生态系统通过衍生的方式，力图进入新的销售市场，并通过提供数字化的服务与维修，尽量减少维修成本，从而延长产品生命周期。

通常情况下，企业与其供应商及客户之间、企业中异构的应用系统之间、产品生命周期内不同阶段之间、分散在不同地点的产品生命周期的参与者之间都存在着信息交换的障碍。信息流的不通畅严重影响了企业的研发和生产效率。

因为生态系统解决方案采用数据流分析等先进技术，所以能够支持产品生命周期内不同阶段之间的信息对接，从而将整个产品生命周期统一起来。这种不同阶段之间的信息对接使得企业能够消除地理、部门和技术等方面的障碍。

科学技术是第一生产力。在未来，科学技术的发展会突破我们目前的想象空间，数字工厂也会有更多样的生态系统来推动工业互联网和企业的发展，同时还能促进行业经济实力的提升。

7.1.2　无纸化实时对接

在制造业领域，德国一直处于全球领军地位。当然，在数字化进程中，德国也毫不意外地领先于其他国家。当德国成功建造出一家数字化生产研发基地后，变革时代就已经悄然来临了。对传统工业来说，要生产一个产品，必须先有一张设计图纸，然后将其交给生产部门做出样品，再由研发部门对样品进行改进后才可以正式生产。

而在数字化制造过程中，从研发到生产都是基于同一个数据平台，不仅制造节奏发生了巨大改变，而且完全不需要纸质的设计图纸。这种数字化制造大大压缩了产品的上市时间，生产效率和产品质量也比之前有了很大程度的提升。

此外，在工业互联网时代，"虚拟生产"一词也作为新的生产途径被广泛谈及。虚拟全球将与现实全球相融合，通过计算、自主控制和联网，人、机器和信息可以互相连接，从而使企业获得更高的生产效率、更短的上市时间、更受欢迎的产品。

以汽车行业为例，之前批量生产一款汽车至少需要 8 年时间，上千设计人员设计 3 年，模具生产人员制作模具 1 年，建设相应的流水线工厂 4 年。而现在，每一个环节所需要的时间都被压缩了，这主要是因为在工业互联网的背景下，企业可以结合各种技术进行柔性制造，实现高效设计，个性化生产，即当天设计、当天生产，客户第二天就能开上新汽车。

总之，高速是工业互联网时代发展的特点。在如此激烈的竞争环境中，一家企业要想在本土市场甚至全球范围内占据相当的市场份额，快速地做出正确决策是必要条件。因此，要想提高自身竞争实力，企业应该尽快建设数字工厂，引入生态系统解决方案，进而实现全局优化。

7.1.3 情景感知下的转型升级

在全新的数字化时代，人们的生活也在朝着更加智能、便利的方向发展。为了提高人们日常的工作、生活效率，情景感知技术应运而生。它通过对人们日常生活中采集的数据进行分析，然后精准预算出所需的产品或服务。例如，当你坐在地铁上时，经常使用的应用软件会自动加载；根据使用的频率，手机上会自动出现 Facebook、微信等应用软件，而不需要来回刷屏寻找它们。

上述只是一些简单的变化，情景感知设备才是下一个十年最火爆的热点。因为将来的情景感知设备很可能具备手机的所有功能，手机的优势将越来越不明显。

1. 情景感知设备

健康初创企业 Lifesum 的 CEO 亨利克·特斯泰森（Henrik Torstensson）说："可穿戴设备将成为情景感知平台最重要的数据来源之一。可穿戴设备配置的感应器将突破手机感应器的监测功能，尤其是在健康和物理数据方面。基于人类的行为模式和特性，持续的数据积累将会为我们带来更为准确、复杂的服务。"

由于以可穿戴设备为代表的情景感知设备确实能大幅度提升人们生活的质量，所以它会逐渐被人们认可和接受。例如，它可以帮助人们判断需不需要去健身；需不需要调整作息习惯；是否应该增加睡眠时间；甚至食物的养分是否充足等。

情景感知技术离不开环境识别，具体到应用上就是图片识别。因为在一般情况下，情景感知设备搜集的数据都是以图像形式存储的。在这一领域做得比较出色的是 Slyce（一家来自加拿大的图像识别技术服务商）。

Slyce 总裁埃尔芬拜因（Elfenbein）认为："Slyce 使用自己研发的图片识别技术，能够识别情景感知设备所采集的图片。与此同时，Slyce 还可以通过设置的程序去评估收集到的图片具有何种属性，并将图片与其属性最接近的零售品牌匹配在一起。"

这种技术对零售业的帮助十分明显，如在沃尔玛的零售店里，消费者可以用手机对上衣进行拍照，然后应用软件就会打开这个上衣所在的网站，向消费者发送折扣优惠券，或者展示此上衣的生产流程及搭配建议。

此外，埃尔芬拜因还提及了 Slyce 的一些潜在功能。例如，可以拍摄自己的头像照片，然后就能知道自己更适合哪种发型；或者可以拍摄需要维修的冰箱，然后就可以获得最近的维修点及维修工作人员的信息。

未来的情景感知设备主要通过对物体进行拍摄，获得与物体相关的信息，如当拍摄一瓶可乐，然后就能知道它的价格、生产日期等。当然，还可以通过拍摄产品，获得同类产品的比较参考，以及为此产品做的宣传片等。

2. 私人定制情景感知设备

情景感知设备如此强大，我们需要做的不是增加其功能，而是"删除"和"进化"其功能，以适应"个性化"的生活。但是对于独立的个体来说，还是需要有一些专用的功能才好。

当一个女生想在网上购买一双鞋子时，情景感知技术能让客服人员知道她此前在网络上所浏览的所有鞋子类型、消费习惯，以及当前她所处的地理位置和天气条件。如果她那里正在下雨，客服人员就可以向她推荐最新款的雨靴；如果她那里天气很好，就可以向她推荐清凉的水晶鞋。

即使这位女生最后并没有购买，那也没有关系，客服人员可以根据她近两年的浏览数据分析她最近的状态，然后向她推荐合适的产品。如果发现她最近要参加一场重大活动，那么就可以将与此活动相匹配的衣服、首饰推荐给她。

通过情景感知设备，销售人员可以知道自己的客户在何时、何地、需要什么样的产品，还可以知道哪些产品的销量有待提升。例如，一家服装店的老板，在顾客还未进店之前，就已经知道了顾客的消费习惯，那么老板在向顾客介绍产品时也会变得很轻松。

由上述案例可知，情景感知设备在现今乃至将来的生活中都会扮演着重要的角色。它可以通过分析空间和运动数据为人们带来一种高科技体验感，如 3D 扫描、室内导航和 VR 游戏等。另外，制造型企业也需要情景感知设备，来实现其转型升级和系统优化的远大目标。

7.1.4　云系统引领下的数字工厂

现代化的数字工厂通常都是由云系统引领的。云系统主要由云计算和云存储两部分组成。云计算是一种通过数据中心设置大量计算机服务器群，并通过网络传输的方式为客户提供差异化服务的应用。云存储通过对客户的信息进行跨区存储，以达到节省本地存储资源的目的。云系统又被称为云计算操作系统（见图 7-2）。

京沪高铁线上有一道独特的工业风景线，那就是前面提到的徐工，它是云系统应用的代表性企业，可以为我们揭开云系统的神秘面纱。徐工设立了云车间，里面有一个调度系统，管理着所有的数控单体设备和集群设备。

例如，当一台车床加工完成后，会自动向调度系统发送信息；调度系统收到信息后会安排轨道把产品送到下一个工序，上一个工序也会通过轨道把产品送到车床上。另外，有关此产品的所有工序都会被记录下来，包括在哪一台车床上、在什么时间、完成了什么任务等。

图7-2　云计算操作系统

在云车间的助力下，工人成为质检员，主要的职责是对所有产品进行质量检测。在这里，每个工人都有一个智能终端系统，此系统会显示今天需要完成的任务、生产线上的整体任务等。工人根据调度系统发布的指令去现场检测产品，判断产品是否合格。

云车间里的机器也充满了互联网"脑细胞"，这些机器上会有 GPS 定位系统、GPRS 无线通信系统、数据库自动识别系统等，将其组合在一起就构成了一个"感知系统"。以往用来服务的机器出现状况时，必须先将照片、视频发给工程师进行初步分析，整个过程会频繁地进行信息核对，而现在不需要了，因为机器上贴了条码，只需要轻轻一扫，机器的所有重要信息都会显示出来，如客户信息、服务商信息、零部件的研发与生产信息等。

对徐工来说，维修方案的制定也变得十分快捷，基本是瞬时间自动完成的。当远程诊断和后台知识库无法排除故障时，千里之外的客户服务中心会通过GPS、手机定位找到离故障设备最近的服务车和服务人员，并通过地图导航带领服务人员第一时间赶到故障地点，排除故障，真正实现由原来的"被动维修"变为"主动检修"。

随着科技的发展，无论是办公型企业还是制造型企业，都在追逐效率与质量的并存。其中，制造业尤其想用较低的成本生产出符合市场需求的产品。云系统引领下的数字工厂则可以帮助制造业完成无人化生产、减少人为干预、实现高度自动化的目标。

7.2 数字工厂优势分析

要想占领工业互联网的先机，在全球范围内，任何企业和国家都要强化技术与生产的结合，掌握工业互联网实际应用场景上的经验。目前，以技术为核心的数字工厂在不断涌现，这些数字工厂不仅效率高，还可以实现整个产品价值链的高效融合，其中涉及原料、制造、销售、物流等多个环节。总而言之，对于制造企业和整个工业来说，数字工厂极具优越性。

7.2.1 自动化、智能化车间

在利用科技提高效率、完善流程已经成为提高企业自身竞争力必要条件的时代，自动化、智能化车间已经成为数字工厂的最基本要素。一般业外人员可能对自动化与智能化车间的概念并不熟悉。简而言之，自动化、智能化车间就是由数字模型、方法和工具构成的综合网络，可以通过可视化管理提升生产效率和产品质量。

自动化、智能化车间主要涉及三个环节：设计、规划和执行。这三个环节中又包括了数字化建模、虚拟仿真、VR 和 AR 等技术。

在设计环节，数字化建模是关键，通过该技术为产品构建三维模型，可以减少人力、物力等方面的成本。与此同时，产品的所有信息都会展现在三维模型上，并伴随整个生命周期，这是实现产品协同设计和生产的重要保障。

在规划环节，虚拟仿真可以帮助企业布局生产线、安排设备、明确制造路径、调整和优化运行系统。例如，知名汽车制造企业大众旗下的斯柯达捷克车间，就引进了虚拟仿真技术，以降低改进生产线需要花费的成本。此外，随着VR、AR 与虚拟仿真的进一步融合，自动化、智能化车间的生产规划甚至增添了一种真实感和科技感。

在执行环节，自动化、智能化车间会将制造执行系统与其他系统相连，以确保所有产品信息始终保持同步，并实现及时更新。例如，假设某产品的原材料发生变化，那制造执行系统与其他系统中的产品信息会同步变化，制造执行系统也会自动实施解决方案，从而可以减少误工带来的损失。此外，借助射频识别技术，制造执行系统还可以识别生产线上的产品零件，从而实现智能化的混线生产。

基于上述优势，自动化、智能化车间现在已经遍地开花，其中比较典型的是三星。在三星的自动化、智能化车间中，物联网、VR、AR、大数据、人工智能等技术发挥了重要作用。

在大数据方面，三星整理了所有与生产相关的数据，找到 2000 个因子，并将其分成三类：产品特性、过程参数和影像。以影像数据为例，三星将用于电影、游戏等商业性娱乐产业中的 VR、AR 应用到实际生产中，解决了不同地区之间进行实时远程协同配合的需求。

在人工智能方面，三星不仅对生产过程及产品进行百分之百的自动检测，还通过人工智能设备判断产品的质量。以卷绕工序为例，三星的主要检测项目有材料代码、长度、正/负极、隔膜、张力、速度、卷绕、短路、尺寸、速度等 159 项，采用高清摄像进行外观查验，可以识别出微米级的气泡，从而降低出错率，为用户提供最优质的产品。

另外，三星还可以实现自动监控和智能防错，以避免人为失误与异常状况的发生。在自动监控方面，三星主要从环境、生产、标准、设备等入手。以环境监控为例，具体包括温度、湿度、压差、洁净度四大工程，其中温度要控制在正负 2℃，湿度则需要始终保持在负 32%rh。

在三星的自动化、智能化车间中，中央系统会对现场环境进行 24 小时监控，通过探头自动收集数据。当现场环境出现异常时，中央系统会发出警报，风机和除湿等设备会在第一时间进行调整，直到恢复正常。

采用自动化、智能化车间解决方案以后，三星生产线的布局时间减少了40%、返工现象减少了 60%、生产效率提高了 15%以上、整体成本降低了 15%、产品的上市周期缩短了 30%，这些都可以带动效益的增加和竞争力的提升。

在全球工业互联网发展的快速进程中，效率、质量与折损等因素都在制约着工厂与企业的发展。而自动化、智能化车间却可以用自动、高效等优势帮助制造型企业实现高质量、高效率生产，加强各个环节的联系，打破各个车间部门间的信息孤岛，为全球制造领域走向科技化奠定坚实的基础。

7.2.2　全方位的联网管理

现阶段，大数据、云计算等高新技术正在颠覆整个传统工业领域。跨界融合与智能化生产也在日渐兴起，各个企业的管理模式也在发生变革。对于传统工厂而言，技术发展有一定的难度，但形成一个新型、有效的管理模式更加困难。

随着工业互联网的发展，管理模式逐渐以云计算、大数据等技术为基础，其特点是权力绝对分散，能快速决策，各方资源完全打通，最终实现效率的提升。工业互联网开放性平台正在不断涌现，获取数据的渠道越来越多，但如果工厂不重视数据，那么数据带来的变革也与其无缘。因此，工业互联网背景下的管理模式要求工厂重视数据及技术的升级。

在生产和管理方面，工业互联网确实有很多优势，但是工厂也不能过于依赖这项技术。对于工厂来说，考虑到各个决策对于数据的需求，把数据快速分配到不同的环节，建立起一个灵活的组织架构，从而促进不同环节之间的合作和协调，才是正确、合理的做法。

在我国，很多发展较快的云服务商早就实现了"联合上云"模式。例如，阿里云现在已经和中策橡胶、徐工、比亚迪等国内十多家制造商合作，网易云和吉利合作，利用工业互联网实现了柔性制造，缩短了产品的上市周期。

除此以外，腾讯也和三一重工合作，共同搭建了一个工业互联网平台。下面将以此为例，重点介绍我国互联网企业如何与制造型企业完成"联合上云"模式。

首先，三一重工与腾讯的云计算相结合，把分布在全球的 30 万台设备接入到工业互联网平台上，实时采集近 10000 个运行参数。

其次，通过云计算和大数据，工业互联网平台对设备的运行进行远程管理，不仅实现了故障维修 2 小时内到达现场，24 小时内完成的目标，还极大地减轻了库存压力。

最后，三一重工从过去的传统制造企业转变成服务型制造企业，在工业互联网时代，这样的做法符合发展潮流，有利于商业模式和管理模式的进步。

知名日用消费品企业宝洁是运用工业互联网的代表性企业。对于宝洁而言，工业互联网已经不是一种简单的技术，而是一种新型的管理文化，即"基于数据的决策"。通过工业互联网，宝洁获得了很多数据，并在这些数据的基础上建立了一套完整的管理模式，改善了决策不合理的现象。

工业互联网的出现与发展，对企业的生产模式、管理模式与销售模式来讲都是一剂猛药，打破了以往企业的各种传统模式。在这种情况下，制造型企业只有积极引入更加科学的工具，不断进行技术创新、模式创新和组织方式创新，才能不被抛在潮流之后。

7.2.3　人工操作转为人机协同

众所周知，工厂生产产品的过程非常复杂，一件成品的完成，需要数十种甚至上百种零件或原材料的投入。就算是同一类产品，由于每个工厂车间的生产工艺、生产设备和投入资源的各不相同，生产出来的成品也会有很大差异。这种差异给各个企业供应链上下游的数字化连接带来了阻碍。

工业互联网对提升工厂的生产效率有极大帮助，智能机器设备也可以在产品的定制化方面发挥非常大的作用。就现阶段而言，随着我国人口红利的逐渐消失，人口老龄化严重、劳动力价格上涨的问题也越来越突出，再加上提升产品质量和价值的需求不断增加，这些都促使大量劳动密集型的工厂走上了"智能生产"的道路。

引入智能机器设备以后，用工紧张问题会比之前有所缓解，生产过度依赖工人的状况也能有所改善，这两点在长三角、珠三角地区体现得尤为明显。另外，智能机器设备参与生产以后，工人再也不需要去做那些简单、烦琐且危险的工作。这不仅会使企业大幅减少用人成本，还会提高企业的工人素质。

目前，虽然智能机器设备可以做很多工作，但这并不意味着工人可以被完全取代。事实上，在很多时候，一些事情必须通过人机协同（见图 7-3）才可以顺利完成。例如，用智能机器设备将产品装配好以后，还需要工人来完成极为重要的检验工作。

图 7-3　人机协同工作

在工厂中，"机器换人"不是简单的谁替代谁的问题，而是要追求一种工人与智能机器设备之间的平衡。自从"机器换人"以后，工人结构发生了很大转变，即由产业工人占主要比重的金字塔结构转变为技术工人越来越多的倒梯形结构。

实际上，在描述工业互联网的新趋势时，与其说使用"机器换人"，还不如说使用人机协同或人机配合，毕竟在短期内，机器还不会完全取代工人。而且，与机器相比，工人在某些方面有着不可比拟的优势。

如今，大部分机器还只能完成一些简单、重体力、烦琐的流水线工作，而面对高精度、细致、复杂的工作，机器则显得无能为力。现在的机器还只能完成前端的基础性工作，而那些细致、复杂、高精度的后端工作仍需要工人来完成。这也就表示，即使工业互联网时代已经到来，机器生产也有了很大发展，工人还是不能被替代，他们需要致力于精细化生产，完成后端工作。

将机器应用于工厂中，是为了使其能够达到甚至超过工人的水平，从而提升生产效率。可以说，工业互联网下的自动化是机器的柔性生产，本质是人机协同，强调机器能够自主配合工人的工作，自主适应环境的变化，最终推动工业的转型升级。

随着技术的完善，工业在生产流程和生产模式上的变革是可以预见的。但关于如何改变及用什么样的方式改变，现在还是一个未知数。在这一发展过程中，无论是企业还是员工，都会面临各种各样的变革难题，所以要想使企业成功转型升级，需要做好充分的准备。

7.3 工业互联网变革传统工厂

科技的发展，可能会将人们在科幻电影里看的景象变为现实。例如，工厂员工利用智能眼镜可以随时查看生产大数据、无人驾驶汽车繁忙而有条不紊地工作等。虽然目前还没有如此高超的技术，但距离实现这样的场景也不会太远。因为，工业互联网的发展正在为传统工厂的体系带来翻天覆地的变革。

随着工业互联网的发展，传统工厂有了新元素，例如，使用 3D 打印技术打印人体仿真器官、让机器人完成绝大部分工作、通过自动化物流系统防止货物在"最后一公里"卡壳。未来，在工业互联网的支撑下，传统工厂甚至可以被"折叠"起来，落户于任何一个角落。

7.3.1　3D/4D 打印引发新飞跃

科技感是目前很多传统企业追求的目标。不止我国，全球很多国家都在努力追随科技的脚步。目前，3D/4D 打印技术作为一个新的元素开始进入工厂和企业。日前，美国卡内基梅隆大学的研究人员公布了一项最新研究成果：他们制造出了一系列由热塑性塑料制成的物体，这些物体需使用通用机器进行打印，并且在受热到一定程度时，可以将自身折叠成预定的形状（见图 7-4）。与 3D 打印相比，4D 打印在 3D 打印的基础上增加了一个时间维度，即 4D 打印的物体会随着时间的推移自发地改变形状。

然而，全球 3D/4D 打印市场基本上由美国和欧洲控制，日本到目前为止投入扶持资金超过 3 亿元，同时投入力度还在成倍地加大，这样的举措自然很快就收到了成效。

例如，日本 3D 打印机企业 Genkei 与东京艺术设计大学的学生联合打造了一台巨型 3D 打印机——Magna。Magna 主要被用于打印大型建筑组件、整体家具，以及小型 3D 打印机无法打印出来的产品。

图 7-4　4D 打印技术制作成品

Magna 采用大型铝合金框架和激光切割的不锈钢板，可以减小振动电机对质量的影响，最高可达 5 米，最大打印尺寸为直径 1.4 米、高 3 米。根据试验可以知道，这款 3D 打印机十分灵活，打印出来的产品也很细致。

许多人对 3D 打印很好奇，那我们接下来看一下 3D 打印机的设计原理，如图 7-5 所示。

图 7-5　3D 打印机的设计原理

原理一：通过扫描物体建立打印模型

如果要想打印自己的"人像"，那就需要通过扫描，把本人的身体数据都输入到计算机中。这和二维扫描仪比较相像，当然设计难度不在一个层面上。

3D 打印机由控制组件、机械组件、打印头、耗材和介质等组成，在打印前会在电脑上设计一个完整的三维立体模型，然后再输出。

原理二：分层加工

三维立体模型建立起来后，3D 打印机会在需要成型的区域先喷洒一层特殊胶水，胶水液滴本身很小，且不易扩散。然后会再喷洒一层均匀的粉末，粉末遇到胶水后会迅速固化黏结，而没有胶水的区域仍会保持松散状态。这样在一层胶水一层粉末的交替下，实体模型就会被"打印"成型，打印完毕后只要扫除松散的粉末即可"刨"出模型，而剩余粉末还可循环利用。

介绍完 3D 打印原理之后，我们来看一下它的应用实例。

在一次试验中，日本外科医生拿着一片柔软湿润的"肺叶"，这个"肺叶"上能看到有"血管"和"肿瘤"。当他切割这片"肺叶"上的"肿瘤"时，血液会从切口慢慢流出。而这个被切割的"肺叶"其实是用 3D 打印机打印出来的。

日本 Fasotec 是一家致力于研究 3D 打印技术的企业，此企业可以打印出肺等仿真人体器官，在试验用尸体紧缺的情况下，对于实习医生来说，这些打印出的人体器官是一个很好的替代品，可以使其更快捷、扎实地掌握实习内容。

这种替代品有一个专有的名字，即"生物质地湿模型"。在 3D 打印出现之前，学校或医疗机构提供给实习医生的器官模型过于简单，无法完全模拟手术中人体器官的真实反应。3D 打印则能够细致入微地扫描一个真实的器官，打印出栩栩如生的器官模型。

在打印出肺的外壳后，3D 打印机还会为注入凝胶型合成树脂，给予医生一种湿润且真实的触感。每一片肺在重量和纹理上都严格遵循真实人体器官的样子，以便在医生用手术刀切割的时候能感受同真实人体器官一样的触感。

Fasotec 创办人木下西角说："这种打印出来的器官，除了能让医生感受到器官的柔软度，也能让他们看见器官流血时的情况。"使用过这类模型的神户大学医学系研究科学院的杉本真希医生认为，模型太真实了，如果不仔细分辨，很容易将模型当成真的。

东京慈惠会医科大学医学博士森川利昭认为，3D 打印为医学提供了无限的可能性，有朝一日还能用于器官移植。但目前用于移植的 3D 打印器官方兴未艾，还处在很不成熟的阶段。东京大学医学系附属医院利用 3D 打印机和基因工程学技术，成功开发出了能在短时间内批量生产可移植给人体的皮肤、骨骼和关节等的技术。

在未来 5 年内，日本政府还将出资 25 亿日元（约合人民币 1.3 亿元）援助 5 个科研组织，用于开发使用 3D 打印机打印可以移植的人体组织和器官技术。有了如此雄厚的资金支持，受到资助的大阪大学等研究机构将迈入 3D 生物打印领域一流研究团队的行列。

相信在不久的将来，在全球范围内国家、政府、学术界等高端领域的联合下，3D/4D 打印技术将在人们日常生活中的各个领域都得到充分的应用。同时，工业互联网技术的加持，也能让 3D/4D 打印技术实现质的飞越。

7.3.2　机器人进入生产流程

目前，传统工厂要想实现智能化转型升级，第一步就是引入机器人"员工"工作，将大量重复又枯燥的工作交给机器人完成。在所有机器人中，机械手臂（见图 7-6）可以说是应用较为广泛的一个，也是最具有代表性的智能化设备。通常来讲，机械手臂由运动元件、导向装置与手臂组成。

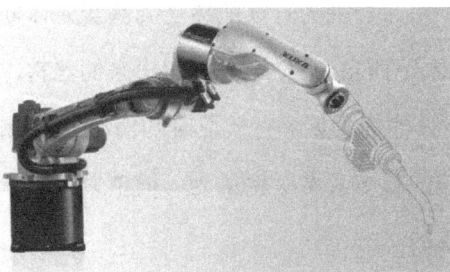

图 7-6　机械手臂

其中，运动原件的作用是驱动手臂运动，主要包括液压油缸、凸轮、齿条、汽缸等；导向装置的作用是保证手臂的正确方向，承受由于产品重量所产生的弯曲和扭转；而手臂的作用则是连接和承受外力。

一般情况下，安装在手臂上的零部件会非常多，如冷却装置、自动检测装置、控制件、管路、油缸、行程定位装置、导向杆等。因此，手臂的工作范围、动作精度、结构、承载能力都会对机械手臂的性能造成影响。

在我国，包括机械手臂在内的机器人非常受工厂的欢迎，主要原因有以下几个。

（1）国家在政策上给予支持。国家出台了一系列与机器人相关的政策，为机器人的应用和发展提供了坚实保障，例如，工业和信息化部发布了《关于推进工业机器人产业发展的指导意见》（以下简称《意见》）。

《意见》明确指出："到 2020 年须形成完善的工业型机器人产业体系，高阶产品市场占有率提高到45%以上，机器人密度（每万名工人所拥有的机器人数量）由目前的约 21 达到 100 以上。"也就是说，在国家政策的推动下，机器人的数量将有较大幅度增加，其对工厂产生的作用和影响也会越来越大。

（2）可以提升工人的工作安全性。采用机器人以后，工人的工作安全性将会有较大提升，以前经常出现的工伤事故也会大幅度减少。在所有工作都由工人来承担的时代，即使是经验非常丰富的工人，也会因为设备故障、工作疏忽等原因而面临受伤的危险。

特别是那种倒班制的工作，工人很容易在晚上出现生理性疲劳，进而导致安全事故的发生。如果采用机器人，不仅可以使工人的安全得到保证，同时还可以降低工厂的损失。

（3）让工人的工作变得更加轻松。当工厂引入机器人以后，工人不再需要承担所有的工作，而只需要看管一个或多个机器人即可，这样要比之前的工作轻松很多。另外，机器人组成自动流水线，除了会让工人更加轻松，还可以节省一大部分厂地，从而提升车间的紧凑性和精致性。

越来越多的工厂开始引入机器人，实现了整个流程的自动化，虽然工人的数量因此有了大幅度减少，但是留下的那些工人正在做着一些更轻松，也更安全的工作。

未来，工厂里的机器人还会有"灵魂"。机器人会主动向工程师"报告"自己身体某个部位出现了问题，必须停下来接受检查；天气炎热，机器人"心情不好"，需要断电停工以便"闭目养神"；甚至机器人可以向工程师报告刚刚来参观的同行偷偷记录了哪些数据。

总而言之，一个只有数据推动操作的设备只是人们用来提高工作效率的工具，但当他们有了"灵魂"，这样的机器人将会成为有思想会表达的"朋友"。他们能够和我们进行深度对话，理解人的思维理念。对于制造型企业来说，这样的机器人更有"温度"，也更能为提高企业自身的竞争力增加优势。

7.3.3　AGV 运输：自动化物流系统

在变革传统企业的过程中，受工业互联网影响最大的就是自动化物流系统。以我国乳业领军品牌蒙牛乳业为例，蒙牛乳业是一家每年可以生产乳制品500 万吨的大型乳制品制造企业。它的智能化系统的成功升级与变革，能为相关领域带来借鉴价值与产业变革的希望。

蒙牛的总部设在有广阔草原的内蒙古呼和浩特，为其生产原料的获取提供了便利条件。因为这一优势，该企业一经上线就迅速在全国范围内占领了庞大的细分市场。随着生产规模的不断扩大，蒙牛在很早之前就开始使用自动化立体仓库，以提高仓储容量和物流管理水平。除此以外，蒙牛的高度自动化物流系统也受到业界的广泛关注。

高度自动化物流系统包括自动仓库系统 AS/RS、空中悬挂输送系统、码垛机器人、环行穿梭车、直线穿梭车、自动导引运输车 AGV、自动整形机、连续提升机及多种类型的输送机等众多智能设备，是一个智能化程度比较高、也比较先进的物流系统。

这套物流系统主要用于常温液体奶的生产、储存及运输，按照功能划分为生产区、入库区、储存区和出库区等，由计算机统一实行自动化管理，可以实现从生产到出库装车全过程的无人化作业，包括成品入出库、原材料及包装材料的输送等所有物流环节。

蒙牛的高度自动化物流系统囊括以下四个方面，如图 7-7 所示。

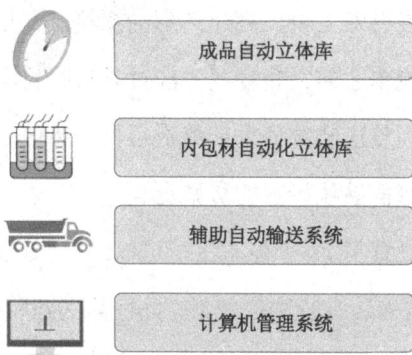

图 7-7　高度自动化物流系统的组成

（1）成品自动立体库。成品自动立体库主要用于产品封箱完成之后的环节，如装车前的出库区输送、成品存储与出库操作、空托盘存储等。在成品自动立体库中，主要设备有提升机、机器人自动码盘系统、环形穿梭车、高位货架及单伸堆垛机等。

（2）内包材料自动化立体库。内包材料自动化立体库负责将内包材料运送至入库输送线，主要的设备组成包括驶入式货架系统、单伸堆垛机及出库机器人自动搬运系统（AGV 系统）。其中，AGV 可以自动把内包材料送到无菌灌装机指定位置，并将空托盘送回去。

（3）辅料自动输送系统。员工将辅料放置到自动搬运悬挂车后，由辅料运输系统将辅料准确地送到指定位置。

（4）计算机监控和管理系统。通过计算机监控和管理系统，实现成品的自动化库、内包材料的自动化入库及辅料的全自动控制、监控和统一管理。

前面已经说过，蒙牛的高度自动化物流系统从前到后依次为生产区、入库区、储存区和出库区，其具体运作流程如下。

生产区：输送链在码垛前将盛有货物的纸箱提升至离地面 2 米处；码盘机器人按货架层间距的尺寸要求，将纸箱整齐地码放在下游输送带的托盘上。

入库区：入库区设有双工位、高速环形的穿梭车，用于分配入库口的入库货物。在被放置到穿梭车之前，货物要先经过外形合格检测装置，如果没有通过检测，则由小车送到整形装置处重新整形后再入库；如果顺利通过检测，则由堆垛机自动放到计算机系统指定的货架上。

出库区：出库区设置了 20 个停车位，可以满足 20 辆运输车同时装卸的任务；堆垛机从货架上取出装有货物的托盘，并将其送到库房外的环行穿梭车上；根据销售订单，滚筒式输送机将相应数量的货物输送到运输车旁；环行穿梭车的某处设有货物分拆区，需要分拆的货物在此脱离穿梭车道，进行人工分拆。

如今，为了进一步实现转型升级，蒙牛采取供应商预约送货的方式，加强对供应商的管理，实现收货工作的计划性与预知性，并在此基础上进行物流安排，做好装车和运输计划。这样有利于实现人力的共享和资源的合理分配、提高车辆装载率和运输效率、节约运输成本、提高送货的准时程度。

如果将物流看作现代工业的发动机，那技术就是物流的引擎。因此，传统工厂型企业要想在竞争如此激烈的市场环境下分得一块"蛋糕"，就必须重视技术的引进与工具的使用。这也是避免让货物在"最后一公里"卡壳的关键手段。

7.3.4 产品定制化、小众化

随着我国人民生活质量的持续提高，人们越来越追求个性化的生活方式。其中，定制、小众等词语也越来越多地出现在互联网消费中。同理，在工业领域，定制化也成为一个关键的生产竞争要素。顾名思义，定制化是指有针对性地为用户提供极具个性的产品。当企业在设计一个新的产品时，首要考虑的问题就是目标客户的需求点。如果仅仅是设计师认为产品可以，但并不满足目标客户的需求，那也只是在浪费企业的精力与财力。

很多人说新技术的出现是颠覆性的，不仅颠覆了传统的零售业、金融业，甚至还颠覆了吃饭、出行、看电影等休闲娱乐行业。新技术之所以能呈现出如此强大的能力，正是因为它不断与传统行业融合，并对其进行改造。

之前，规模化的生产方式非常受欢迎，因为它大大提高了生产效率，很大程度上刺激了经济的发展。但是，随着社会生产力的不断提高，人们的需求不断变化，如何进行多个品种的小批量、定制化生产成为新时代的热点。

目前大部分行业所提供的产品都已经趋于饱和，开始由"卖方市场"进入"买方市场"。经济的发展并没有带来创新能力的大幅度增长，这表现在两个方面：一是市场中充斥着大量的仿制品；二是产品性能、功效等方面上的相似性较高。

仿制品盛行，导致了严重的同质化竞争。以手机为例，苹果公司开启了刘海屏与竖置双摄像头的时代，尽管这种造型被用户各种吐槽，但众多手机品牌依然愿意模仿。就外观而言，目前市面上的手机基本外观都差不多，很少会有独特之处。

在工业互联网时代，信息变得更加透明，传播也更加迅速，用户在购物时不仅是"货比三家"，而是"货比三百家、三千家"。因此，企业必须考虑自身的情况，看看自己是否已经陷入了同质化竞争中，如果是，那就应该尽快采取小批量、定制化生产的策略。

丰田以生产成本低、产品质量高的优势作为市场竞争力，适应了时代的潮流，为日本汽车制造业的奋起加足马力。直到现在，小批量、定制化生产仍然是丰田引以为傲的亮点，这不仅体现在为用户设计专属汽车上，还体现在汽车零部件的个性化上。

如今，德国的很多企业通过掌握一些汽车零部件在整个市场上的供需动态，从而减少车间与车间、工厂与工厂之间不必要的仓储。其实企业这样做最大的创新之处在于运用工业互联网的基本原理，实现汽车零部件生产的个性化，这也是最贴近用户需求的做法。

每个用户都想拥有独一无二的产品，哪怕只是某个功能独一无二。虽然现在还没有实现真正意义上的完全定制，但是很多企业都正在朝着这个方向努力。

上面讨论的只是理论问题，实际问题要根据实际情况来解决，毕竟不同企业，其产品的成本和质量都不同，很难一概而论。所以目前人们还无法确定在工业互联网的背景下，定制化与小众化的生产究竟能给企业带来多大程度的成本下降和质量提升。但可以肯定的是，如果企业可以根据市场形势及时作出方案调整，这种迅速决策的能力一定会有利于企业智能化转型升级的尽快实现。

第 **8** 章

智慧电厂：工业互联网与电力的碰撞

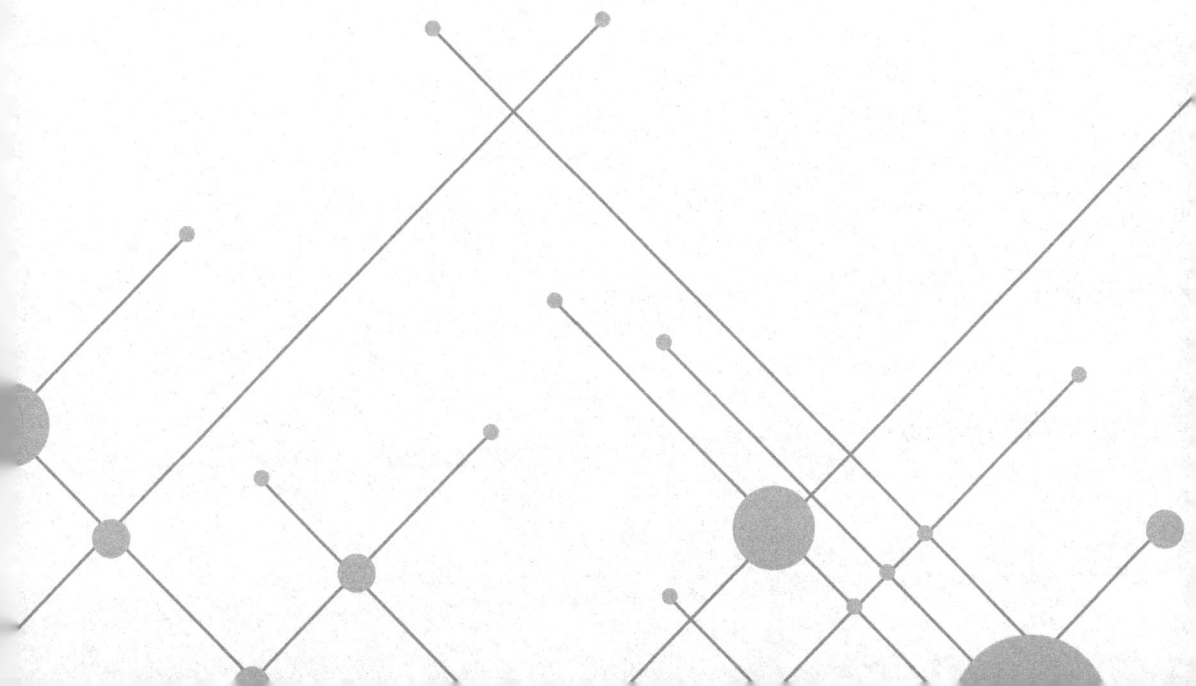

电力是一个国家发展的基础，毫不夸张地说，电的使用支撑了现代科技的迅速发展。随着电力转型发展与市场化改革的需要，如何清洁、高效、安全、自动地发电已经成为当下的研究重点。依托工业互联网、人工智能、大数据分析等技术的快速升级，传统电厂的智能化进程进一步加快，智慧电厂开始登上舞台，并发挥着越来越重要的作用。

8.1 智慧电厂概述

现阶段，智能技术的应用已成为现实。在现代化城市的庞大用电需求背景下，智慧电厂的建设成为国内电厂发展的首要方向。所以，明确智慧电厂的定义与建设优势、分析智慧电厂的建设策略与现状，可以有效推动电厂的可持续发展。

8.1.1 智慧电厂的定义与优势

智慧电厂的定义是，以发电过程智能化为基础，经营智慧发电业务的工厂（见图 8-1）。智慧电厂从社会服务的功能和贡献效益的最大化出发，在充分利用能源和资源的同时，承担了更多的社会服务功能。

图 8-1 智慧电厂

在信息化、数字化、网络化、大数据的基础上，智慧电厂将云平台、物联网、移动互联网、机器人、VR、AR、人工智能等先进技术与传统电力安全生产、运营管控有机融合，构建了覆盖全层级、全业务、全过程的智慧管控平台。该平台可以精确感知生产数据、优化生产过程，从而科学地制订生产计划，是实现高效节能、绿色环保、环境整治的重要"武器"。下面将介绍建设智慧电厂的优势与如何建设智慧电厂。

1. 智慧电厂的优势

在管理价值方面，可以实现运行、设备、安全、经营等的规范化管理；将工人的工作效率提升40%以上；一体化的管控和部门协作可以降低沟通成本，优化沟通效果。

在智能安全管理方面，通过智能安全，识别安全风险，杜绝安全事故发生；通过区域授权、区域安全风险智能提醒、警告等营造安全环境；通过违章识别、区域授权、实时监控、风险识别等杜绝工人的不安全行为。

在设备管理方面，提升设备可靠性；延长设备检修周期；缩短设备故障处理周期；降低备件、材料库存成本；提高锅炉效率，节省燃料成本；减少吹灰，降低爆管概率；降低还原剂成本、减轻环保压力；控制风机电耗。

2. 如何建设智慧电厂

智慧电厂建设以三维建模、"互联网+"、大数据、工人定位为核心，集DCS（差示扫描量热法）、SIS（战略信息系统）、MIS（管理信息系统）、在线仿真和智慧管控于一体，通过一体化云平台覆盖全部业务管理，利用信息化手段连通各项职能，实现生产、经营等全部业务的一站式、一体化信息支撑。

在智慧化层，智慧电厂的建设需要汇集生产和管理的信息，进行业务诊断、数据挖掘、知识发现及可视化等多种服务，实现智慧管理与辅助决策；在智能化层，与生产管理体系有机结合，利用"互联网+"物联网、虚拟三维等技术，实现生产管理集约化、安全风险可控化和运行决策智能化；在信息化层，通过生产经营信息管理平台，实现安全生产管理的信息集中与业务管理，全面构建生产经营管理体系。

从最初的自动化电厂到如今的智慧电厂，很多变化在悄然发生，如发电设备更可靠、生产更安全、技术更先进、系统更合理、管理更柔性、发展更持续、经济效益更丰厚。未来，随着管理理念的更新，以及技术的升级，智慧电厂所呈现的形式与内容还会不断优化。

在新的时代背景下，智慧电厂需要与其他产业融合延伸，形成循环经济，提高能源和资源的利用率，承担更多保护环境和服务社会的功能。这样不仅可以让智慧电厂参与市场经济资本，也符合生态环境建设和经济社会发展的要求。

融入先进技术所形成的智慧电厂，使得设备更可靠，发电更高效，管理更科学，发展更持续，经济效益和社会效益更明显。如今，随着理念的更新，以及工业互联网的普及，智慧电厂也在不断变化，整个行业都展现出一片欣欣向荣的景象。

8.1.2 智慧电厂建设策略与现状

智慧电厂的建设是一个国家提升竞争力的有效方式，所以，我国政府对智慧电厂的建设尤为重视。近几年，政府不断推出政策红利来推动电厂的发展。下面将介绍目前我国发展智慧电厂的策略及现状。

党的十九大报告指出："积极推动互联网、大数据、人工智能和实体经济的深度融合。"这里的实体经济就包括电厂。

《能源发展"十三五"规划》中指出："将'高效智能、着力优化能源系统'

作为第一任务；要求构建多能互补、供需协调的智慧能源系统。"

《电力发展"十三五"规划》中要求："提升电源侧智能化水平，加强传统能源和新能源发电的厂站级智能化建设。"

《国务院关于积极推进"互联网+"行动的指导意见》中要求："建设'互联网+'智慧能源，推进能源生产和消费智能化。"

中华人民共和国国务院印发的《新一代人工智能发展规划》中指出："推广智能工厂，加强智能工厂关键技术和体系方法的应用示范，重点推广生产线重构与动态智能调度、生产装备智能物联和云化数据采集、多维人机协同与互操作系统，鼓励引导企业建设工厂大数据系统、网络化分布式生产设施，引导生产设备网络化、生产数据可视化、生产过程透明化、生产现场无人化。"

我国目前有针对电机组智能优化运行的研究，包括机组主要部件（汽轮机、锅炉及主要辅机）及系统的智能运行优化，但是还没有形成电机组整体智能化方案及相应的技术规范，也没有真正完全落地的示范工程。

如今，中国华能集团有限公司、中国华电集团有限公司、国能、国家电力投资集团有限公司等集团正在开展智慧电厂方面的研究，而且其中的一些研究已经落实到应用试点。例如，中国大唐集团有限公司、北京能源集团有限责任公司等集团所属的少数电厂就实现了部分智能化应用，将自身发展引入新常态。

在智能化建设的过程中，每一个电厂都需要改变粗放型管理模式，培育新的成长优势，不断加强管控力度，提高自己的管理水平和核心竞争力。此外，就我国电厂智能化建设现状而言，技术支撑的重要性也不能忽视。

所谓技术支撑，主要包括以下十项技术：超临界 APS 机组自启停控制技术、基于大数据的运行优化平台、基于智能监盘的电气监视平台、基于三维可视化的研究及应用、基于视频监控平台的火灾预警系统、基于无人值守的机器人、基于图像识别的缺陷识别系统、基于"互联网+"的生产管理系统、基于在线作业的智能机器装置和基于 AR 的生产指导系统。

随着电力体制改革的大力实施，智能化建设已经成为各大电厂的必经之路。在节能、降耗、减排等政策的驱动下，以及智慧运行管理、智慧检修安全、智慧新能源发电等举措的助力下，电厂的综合竞争优势将有很大提升，这有利于推动其自身的持续发展。

目前，我国电厂在智能生产和优化控制等方面的研究比较少，重点关注单一设备和局部系统的智能化改造升级。也就是说，我国电厂并没有从整体上去解决发电过程的智能化，距离实现真正的智能发电还有很长的路要走。

对传统的电厂来说，发电就是主业，只要把主业做好就万事大吉，但是对现代的电厂来说，经营压力越来越大，稍微不小心就会被时代抛弃，所以必须努力适应社会的要求。电厂进行智能化建设的目的是优化能源结构，增加可再生能源比例，促进能源清洁高效利用，提升能源综合效率，推动产业升级，这些可以为我国带来新的经济增长点。

现阶段，我国在进行电厂的智能化建设时，其核心是为安全、高效、清洁问题做出保障，关键是要结合各个电厂的实际情况做出决策，导向是要解决疑难问题，目标是提高电厂的工作效率。在这个战略目标的带领下，不仅电厂可以与环境友好相处，我国的经济还可以进一步发展，人们的生活也将更加美好。

8.2　工业互联网在智慧电厂中的应用

工业互联网技术的发展赋予了电厂无数可能，使其向智慧化方向变革。但在现阶段，电厂建设的程度还远远达不到我们理想的状态，离实现智慧电厂的目标仍需要一个较长的发展过程。下面将介绍工业互联网技术在智慧电厂上的应用场景与应用效果。

8.2.1　加强设备能源消耗管理

能源消耗通常是电厂中最难把控的一个环节，但工业互联网技术却可以有效解决这个问题。企业利用大数据技术，通过采集、分析、评估等手段对相关数据进行深入挖掘，深度掌控能源消耗监控与管理系统。这样不仅可以帮助电厂了解自身的能源使用情况，还可以帮助电厂找到节约能源、控制整体成本、提升效益的方法。

能源消耗监控与管理系统往往采用开放式结构设计，具有较强的安全性、可靠性、易扩展性。引入该系统后，电厂可以详细掌握每个设备的能源消耗水平，一旦发现能源消耗比较大的设备，便可以在第一时间对其进行调整和优化。

此外，能源消耗监控与管理系统可以为电厂提供各类能源消耗数据，并以报表、曲线或者图形的方式展现，而且还支持电厂通过自定义指标对能源消耗的趋势进行预测和分析。

通过能源消耗监控与管理系统，电厂可以建立长效的能源节约机制，以实现降本增效的目的。与此同时，自动化的实时监控及状态异常警告，有利于充分保证能源供应的可靠、安全、清洁。对空调、点灯、电梯等设备的能源消耗进行监控，可以优化电厂的运行方式，减少因运行闲置设备而造成的浪费。

在这样的系统助力下，电厂实现了无人值守、远程操作等。工作人员通过平台便可以充分了解所有设备的生产、运行情况，对设备进行完全自动控制，从而提高安全防范水平，避免出现不必要的风险。同时，这对企业人力成本的控制也有很大的帮助。

8.2.2　实时监测设备状态

在现实工厂里，设备状态检修与维护系统也被称为设备检测系统。它主要由数据库服务器、移动智能终端等组成。设备状态检修与维护系统整合了图像识别、传感器、导航定位等技术，实现了对设备的自主检修和维护，能随时随地处理数据和交换信息。

设备状态检修与维护系统可以与多种形式的移动智能终端连接，如手机、计算机、机器人等。以机器人为例，在电厂中，机器人可以对平坦地带的设备进行监测，根据采集到的数据分析设备状态，如是否需要检修或者维护、什么时候应该做保养等。

为了保证数据的有效性、安全性，以及对设备状态进行精准分析，设备状态检修与维护系统还具有自动备份数据的功能。随着技术的不断升级，该系统还衍生出了很多其他的功能，如设备参数自动识别、异常数据实时归档、数据加密传输等。

如今，借助三维空间定位，设备上的信息已经实现了可视化，相关人员的操作界面也得到了进一步延伸。除此以外，基于 WIFI、射频识别等技术，再结合移动智能终端，电厂可以掌握设备的缺陷，并在第一时间提出科学的解决方案。

借助设备与相关人员的定位，智能安防成为现实，这不仅有利于提升电厂的安全性，还能够有效避免相关人员的伤亡。总之，设备状态检修与维护系统在电厂中的作用不可小觑，它为电厂所带来的优势是非常值得期待的。

8.2.3 智能化感知故障，提前预警

在生产链的实际运作过程中，设备故障会给工厂带来巨大的损失。但是从目前的技术水平看来，电厂很难在第一时间就发现设备的故障并采取相应措施。因为大多数电厂目前使用的都是绝对值报警，即当设备的运行参数超过绝对值时触发报警装置。这样的装置大大增加了因为产生故障而导致设备被迫停止运行的概率。

通过故障预报警系统采集相关信息，被动检修可以变为主动检修，设备的正常运行也能够得到充分保证，进而可以避免设备的故障对电厂产生太大影响。此外，故障预报警系统还可以帮助电厂节约生产成本，提高电厂的市场竞争力。

为了迎合时代的需求，跟上发展的潮流，电厂应该尽快建立设备远程在线实时综合数据处理平台、设备诊断和故障预报警中心。一方面，这有利于电厂积累更多设备上的数据和信息；另一方面，这可以为远程故障诊断及故障实时预报警的实现奠定基础。

利用 AR/VR 互动平台，可以顺利实现跨地域的专家共享与数据共享。例如，专家可以在 AR/VR 互动平台上为设备的故障提供解决方案，不需要再深入现场。此外，借助数据挖掘、风险预测等手段，电厂设备还可以进行自动管理与控制，从而在短时间内迅速完成智能化的转型升级。

8.3 智慧电厂与传统电厂的区别

现阶段，工业互联网已经涉足多个领域并取得了卓越的成绩。传统电厂虽然在资本层面拥有较强的优势，但是运营层面存在相对独立和封闭的弊端却阻碍它的发展。面对工业互联网的热潮，传统电厂必须利用自身优势谋求发展，提高生产效益，实现向智慧电厂的转型升级。

8.3.1 监控下的实时校正、优化

与传统电厂相比，智慧电厂运营优势之一就是实时校正、优化。而做到"实时"的关键就在于监控。并且此时的监控应是自动的、24 小时运行的。那么，下面将从智慧电厂的监控层面，分析它是如何实现运营系统实时校正、优化的（见图 8-2）。

图 8-2 监控下的实时校正、优化

1. 全面监控

电厂中各个环节相互配合才可以创造真正的价值，而智能型的全面监控就可以对电厂这个复杂的混合体进行全方位掌握。当然，监控的难易程度是有区

别的，例如，一般电厂和高端电厂对监控的要求就不一样，但相同点都是要全面监控，加强可视化。

2. 灵活监控

电厂对设备的要求比较高，监控也处在动态波动中，只有灵活监控才能适应实际变化。

传统监控的弊端包括以下几方面：设备之间相对独立，很难及时获得准确的信息；出现故障、停止运作等问题时不能及时反馈；相关人员管理成本高。但在智慧电厂里，嵌入式视频服务器可以对画面中的人或物进行识别、判断和处理，并在某些特定条件下发出警报。

利用信息化技术，通过先进的监控手段对发电过程进行多维度管理，即使部分环节出现问题也可以立即处理而不是全面关停设备，这样既能保证工作效率又不耽误发电，一举两得。

引入工业互联网、大数据分析等高新科技后，智慧电厂在监控方面的优势更加显著。它不仅可以突破传统发电和设备检修与维护的弊端，还可以学习和借鉴国外大型智能电厂的经验，在自动化时代到来之际，韬光养晦，厚积薄发。

8.3.2　人力成本低，工人更安全

在传统电厂中，为了加强管理与实现高效发电，电厂一般需要对设备进行全方位的检测。但这项工作无论从人工成本看还是从安全角度看，都是一项很难完成的任务，如高昂的人工费与可能出现的安全事故等。因此，传统电厂的管理层通常会为设备的检测问题大伤脑筋。

在智慧电厂中就不会出现这样的情况，因为检测工作都是由机器人完成

的。机器人具有灵活度高、自由度高、多功能、多用途和高效率等特点，而且一旦购入，电厂只需要花费检修及维护成本就可以。

智慧电厂中的某些设备对检测的要求非常高，机器人可以配合超声波扫描仪，对其进行从上到下、从里到内的无损探伤检测，而且扫描密度均匀、精细。另外，在视觉检测方面，机器人同样有出色表现。具体来说，将机器人作为辅助设备带入被检测设备中，成为自动化检测的一部分，可以充分提升检测的精确度。

除了检测，机器人还可以承担其他危险系数较高的工作。这不仅降低了智慧电厂的人工成本，还提高了智慧电厂的发电效率。更重要的是，智慧电厂的自动化水平也因此有了很大提高，而这也将为我国的电力事业带来更多的新机遇。

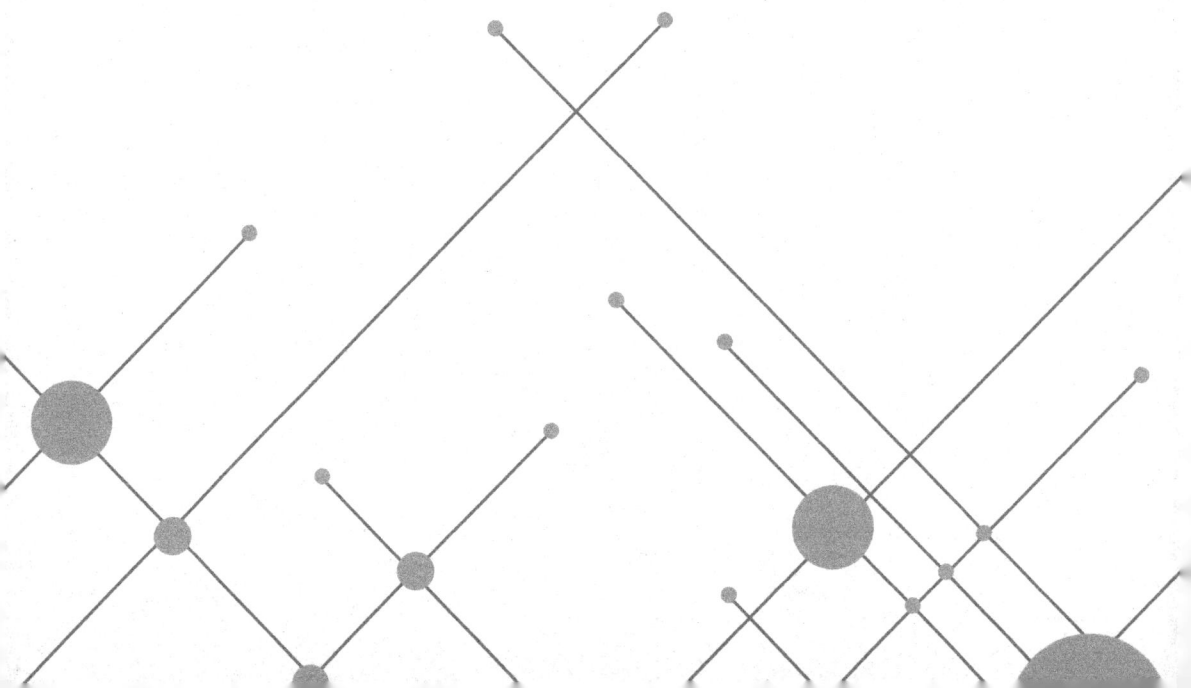

第 **9** 章

智慧医疗：工业互联网+医疗=创新

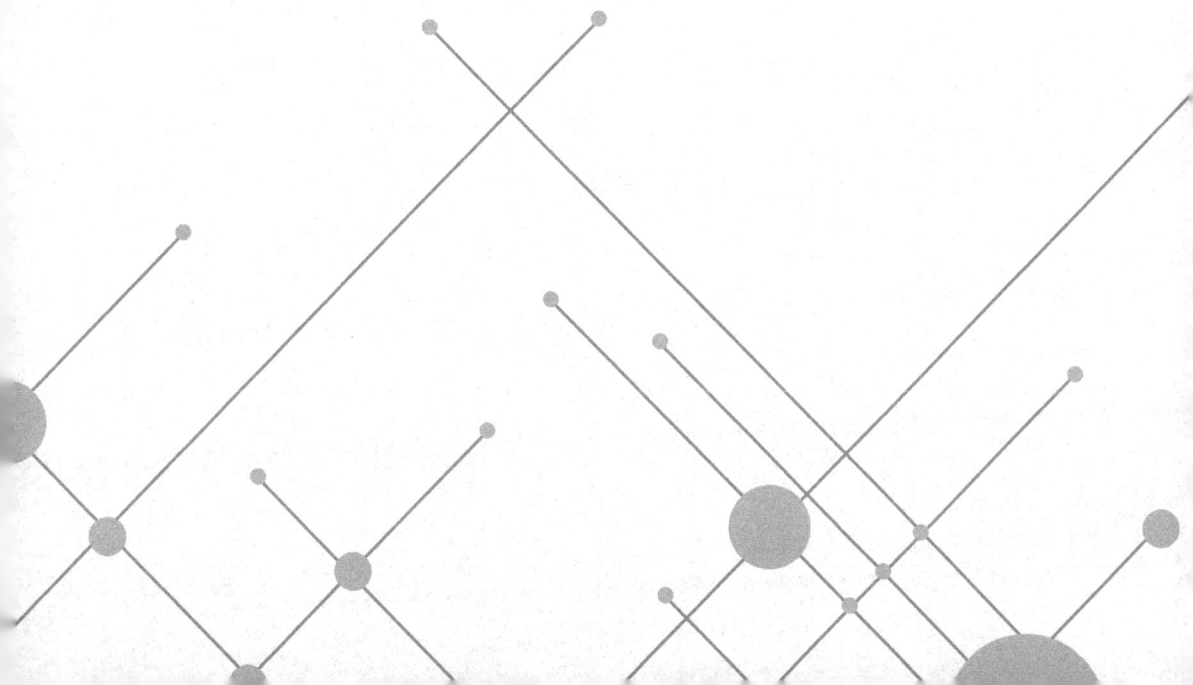

工业互联网不仅与制造领域相关，还与医疗领域，即医疗资产管理、医疗机构运营模式、临床数据分析等有着千丝万缕的联系。借助工业互联网，医疗领域将更好地实现医疗机构与患者之间的深入交流，从而形成一个新的感知、反馈及干预系统。这不仅仅是技术的进步，更是整个医疗领域，包括医疗机构管理体制的进步。

9.1 工业互联网创新医疗资产管理

在医疗领域，工业互联网的首要作用是创新医疗资产管理。通过工业互联网技术的支持，医疗机构可以对其设备进行信息化管理，以建立完善的信息化管理机制。这不仅提高了设备信息的查询效率，还使各科室能及时掌握设备的使用及保养状况，从而为设备管理工作提供依据。

9.1.1 优化医疗设备采买、报修流程

在科学的设备管理系统被引入医疗领域之前，由于医疗机构对设备管理工作不够重视，设备的采购和报修效率低下，导致经营和治疗水平也受到很大影响。工业互联网的设备管理系统的出现使这种情况得到了改善，吸引了很多医疗机构的加入。通过成熟的条码技术，设备管理系统可以对设备的全生命周期进行科学性管理，以促进医疗机构管理工作的制度化、规范化，保证各项业务的顺利开展。

在医疗机构里，设备管理系统主要发挥以下四个功能，如图9-1所示。

1. 基础管理

基础管理是指通过对相关数据进行归档、分析，实现对设备采买、入库、出库、退库、进账审核、转让、报修、调拨登记等情况的全程跟踪管理。借助设备管理系统，医疗机构可以随时查询相关数据，并掌握设备的状态。

图 9-1 设备管理系统的四个功能

2. 低值易耗设备管理

设备管理系统可以对低值易耗设备和卫生材料的采买、入库、请领、盘点、报修等工作进行严格监督，并在有关人员审核之后，自动完成查询和统计，打印报表。此外，医疗机构可以通过计算机、手机、iPad 等装置迅速获取低值易耗设备的信息，一旦发现短缺、损坏等情况，能够在第一时间进行采买和维修。

3. 故障统计管理

记录设备故障也是设备管理系统的工作，即根据已经发生的故障记录，综合分析各类信息和数据，找到故障原因，并在此基础上提出解决方案。在设备管理系统的助力下，整个过程都是自动化、智能化的，而且效率非常高，也不易出错。

4. 系统维护

设备管理系统是一个标准结构平台，不仅操作方便，还具有很强的安全性和可扩展性。而且，参数化的设计模式可以巩固数据整合、数据备份、索引重建、备份恢复等功能，从而使医疗机构的设备可以更可靠、更高效。

总结来讲，工业互联网技术下的设备管理系统为医疗机构带来了很多福利。首先，减少了人工操作导致的误差，使设备管理趋于数据化、自动化；其次，设备的状态被实时监控，采买和报修的效率有了大幅度提高；最后，节省了医疗机构的设备成本，优化了医疗机构的运营效果。

9.1.2 医疗设备实现自主预警

在设备的全生命周期管理中，维护是非常关键的一个环节。著名政治家本杰明·富兰克林（Benjamin Franklin）曾经说过："百分补救，远不如一分预警。"由此可以看出，企业对设备进行维护的前提就是做好预警工作。通过工业互联网技术，医疗机构设备可以解决以往维护不及时的问题，实现自主预警。这不仅可以防止宕机情况的出现，还可以节省一部分维修费用，降低整体成本。

引入自主预警的设备后，维修人员只需要对设备的运行状况进行远程实时监控和操作即可，而不需要像之前那样承担较多的体力劳动。工业互联网时代，设备的全生命周期管理正在走向智能化、自动化，而智能化、自动化主要依托于实时准确的数据采集，以及物联网、人工智能、云计算、5G 等先进技术。

对于医疗机构来说，设备自主预警意味着巡检和维修的全部工作都可以被远程控制，从而实现整个过程的实时同步，以及可视化、规范化、智能化。此外，当设备出现问题或者故障时，医疗机构也可以及时发现，并提出相应的措施，以消除各种不必要的安全隐患。

通过智能分析设备运行的数据，对设备的使用寿命进行统计，对异常设备和接近使用寿命的设备进行预警，真正减少设备故障对医疗工作的影响。此举有利于改善设备的维修现状，即从由经验性维修转向预警性维修。

可以预测的是，随着工业互联网技术的不断深入探索，医疗机构的设备管理也将进入崭新的阶段。换言之，借助工业互联网技术，医疗机构能够实现设备的闭环管理，使设备在诊断、治疗的过程中保持良好状态，最大化地发挥作用和效能，从而达到节省成本、创造丰厚盈利的目的。

9.2 工业互联网创新医疗机构运营模式

现代社会因互联网技术的发展变得更加便利，同样，对医疗机构的日常运营管理来说也是如虎添翼。在工业互联网出现之前，移动互联网就已经为医疗机构的现代化建设做出了重大贡献。而现在更因工业互联网的加入，人们的就医过程将更加舒适与方便。

技术在进步，人们对健康的要求也越来越高。因此，医疗机构应抓住这些要点，在成本结构、人才引进、效率提升上下足功夫，这样才能够优化日常运营管理，同时还可以减少不必要的投入和浪费。

在日常运营管理方面，工业互联网也可以发挥重要的作用。首先，能够整合各科室医疗设备，使患者不必再等待太长时间；其次，针对患者的实际情况，为其提供个性化、精准化医疗服务。当然，这一切都是从患者的利益出发，保证患者的疾病可以及时得到治疗。

9.2.1 整合各科室医疗设备，患者无须等待

谈及看病，人们脑海里第一个浮现的词语就是"麻烦"。的确，一直以来去医院就诊都是一件比较烦琐的事情，从挂号、诊断再到检查，一整套流程下来普通人都会感到疲惫，更何况是生病的患者。这种情况不仅让医疗机构感到烦恼，还使大众产生了强烈的不满情绪。

　　未来，医疗科技触手可及，可以蔓延到各个领域。如家庭预防、早健康、精准治疗等。在互联网和大数据的驱动下，医疗的可及性也将大幅度提升，具体表现为医疗机构摆脱地域限制、医疗资源储备更丰富等，"看病难"问题将得到有效解决。

　　这样的情景不是只存在于想象中，而是已经被 GE 医疗智能响应中心（以下简称 GE 医疗）变为现实。GE 医疗率先把工业互联网引入医疗领域，实现了与医疗机构中数千台设备的在线连接。通过采集和分析大量的数据，GE 医疗的工程师可以对这些设备进行实时监测、故障预警、远程维修等操作，同时还可以提供设备使用资讯和管理智能化的创新服务。

　　现在，GE 医疗已经将工业互联网应用于国内的多家医疗机构，使看病效率得到了大幅提升，下面以上海知名的仁济医院为例进行说明。

　　每天来上海仁济医院看病的患者特别多，这些患者把门诊大厅挤得满满当当，排队现象更是屡见不鲜。然而，仁济医院的设备看似非常充足，却没有被充分利用起来，例如，CT 设备分散在门诊、急诊、内科、外科等不同科室，其实际使用情况、维修情况、使用效率、运行状态很难被全面掌握。

　　于是，仁济医院与 GE 医疗达成深度合作，开始使用 GE 医疗的产品——Asset Plus。通过对仁济医院的设备进行远程观察、调控和分流，Asset Plus 不仅降低了设备的高负荷运行时间，还可以把排队的病患引导至闲置设备。这样一方面提高了设备的使用效率，避免了宕机情况；另一方面减少了患者的等待时间。

　　为了使设备的各项信息都可以一目了然，Asset Plus 还会自动生成详细的《同类设备当月使用效率分析表》。假设内科的设备使用次数远低于急诊，那么仁济医院就会根据《同类设备当月使用效率分析表》对设备、人流进行相应调整。

　　经过调整，以前人们到仁济医院进行身体检查需要等待七天左右的时间才能拿到结果，现在只需要三天甚至当天就可以拿到结果。对于 GE 医疗来说，工业互联网不仅可以为医院创造价值，还可以帮助患者获得更好的看病体验，驱动智慧医疗的实现。

9.2.2　医疗服务趋于个性化、精准化

随着经济实力的不断提高，人们对生活质量的要求也在不断提升。现阶段人们更加追求个性化与定制化的生活，在医疗领域也不例外，人们会在经济能力可承受的范围内选择最有保障的医疗。所以，工业互联网在医疗领域的应用不仅会推动智能医疗设备的发展，更有助于患者对信息的实时接收，使就医变得更加便利和快捷。

远程医疗传感器是智能医疗设备的代表，患者将其佩戴在身上，就可以把数据传递给医生，接收到这些数据以后，医生可以分析患者的病情，并制定出相应的治疗方案。通过这样的医疗服务，就医流程被进一步简化，患者和医生之间的交流也会更加简单有效。

此外，在工业互联网的助力下，人工智能辅助诊断也成为可能。人工智能系统往往拥有强大的认知功能，可以在阅读大量医学文献的基础上帮助医生分析数据，制定个性化的治疗方案。就目前情况来看，因为人工智能辅助诊断既高效又精准，所以诸多互联网巨头纷纷入局，Google 就是一个典型的代表。

Google 成功地将自主研发的机器学习技术应用到了医疗领域，借助这项技术，Google 能够从数以万计的患者身上获取相关数据。同时，Google 设置名为 AI-first 的数据中心，该数据中心有着强大的数据处理能力。

在该数据中心，Google 可以高效处理海量的数据，通过精确的智能分析，

医生可以从这些数据中发现病因，为患者提供个性化服务。如今，借助机器学习技术和数据中心，Google 在糖尿病性视网膜病变的诊断上取得了成功，使诊断的准确性达到了 90%以上。

在人工智能辅助诊断方面，比较典型的企业还有 Buoy Health。Buoy Health 有一项很成功的应用，这项应用既帮助了医生，为医生提供了更多的辅助资料；又帮助了患者，让患者能够以最快的速度了解自己的症状，并以最适宜的方式解决自己的问题。

Buoy Health 推出了一个医学引擎，医生能够通过这个医学引擎查到大量的临床文献和治疗方案，同时还可以获取患者的样本数据。患者则可以通过这个医学引擎在细分病症中迅速找到自己的病症，然后选择治疗病症的有效方法，或者了解到与此病症相关的其他问题。

总而言之，Buoy Health 的医学引擎既能够帮助医生提高效率，又可以丰富患者的医学知识，对双方都是极其有利的。

在未来，人工智能辅助诊断将会在智慧医疗中获得更好的利用与发展。为了使患者在今后能够真正地享受到优质、个性化的医疗服务。医疗机构应加深与科研机构的合作，共同研发出更加智能、更加高效的人工智能系统，以辅助医生的诊断与治疗。

9.3 工业互联网创新临床数据分析

在医学界，我国目前依然面临着临床数据不一致、各医疗机构临床数据没有集成化共享等问题。虽然我国对临床数据正在进行规范化、精准化分析的经验积累，并且已经开始引入和参考一系列国际标准。然而，只有高质量、集成化与大规模的临床数据才会对科研分析得出正确结论有积极影响。

所以，为了解决关于临床数据分析的一系列问题，我国医学界的科研人员通过工业互联网技术，进一步挖掘电子病历背后的研究价值。像可穿戴设备等都由此获得了良好发展前景，而我国的临床数据分析水平更是有了大幅度提高。

9.3.1　语音识别系统+电子病历

如果对当前临床数据情况进行仔细分析可以发现，传统电子病历在使用中存在着诸多问题，主要包括以下五方面。

（1）数据难以相互连通。通常来讲，数据的相互连通主要做到以下两个方面，一个是政府级的区域共享平台，其任务是采集相关数据、促进医疗机构之间的相互连通；另一个是医疗机构内部电子病历与其他系统的结合。无论是哪一个方面，要想为数据的相互连通提供安全保障，就必须要使用更加先进的技术。

（2）操作烦琐。因为电子病历操作起来既复杂又烦琐，所以医生在录入数据的过程中经常会感觉到疲倦，从而对录入数据的完整性和真实性产生严重影响。

（3）缺乏数据结构化录入。医生以前都是通过文字的形式将病历记录下来，而在使用电子病历的时候，难免会缺乏数据结构化录入。在这种情况下，如何对存量数据进行结构化处理就成为一个亟待解决的难题。

（4）难以满足病种专业化需求。在满足病种专业化需求方面，传统电子病历存在较大缺陷。医生对临床数据提出的个性化需求，传统电子病历更是无法满足。

（5）相关价值亟待挖掘。新手医生因为缺乏实践经验而经常出现误诊、漏诊的情况，严重时还有可能造成医疗事故。电子病历所具备的巨大价值还没有被充分挖掘出来，再加上经验丰富的医生比较忙碌，就导致新手医生很难获得先进的诊疗经验。

对于上述问题，工业互联网可以给出合适的解决方案，以大同市第三人民医院为例。2018 年 12 月，大同市第三人民医院开始对电子病历实施语音识别及录入，利用"技术+医疗"提升医疗服务的质量。

通过先进的语音识别系统，医生的每句话都可以被迅速转换为文字。例如，在录入电子病历时，医生只要对着手机说肺源性心脏病、冠状动脉硬化性心脏病、慢性粒细胞白血病等，手机便可以将其准确无误地转换为文字。此外，语音识别系统还不会受到环境、语调、方言等因素的影响，而且因为其准确率特别高，所以非常受医生的欢迎。

填写电子病历会占据医生很多时间，尤其是对外科医生来说，完成一台手术已经非常辛苦，如果再填写繁琐的电子病历显然会增加工作负担。语音识别系统在医疗机构的广泛应用，让这一切变得轻松，填写电子病历变成口述电子病历，打字变成说话。当电子病历有了语音识别系统的支持以后，医生的工作效率有了大幅度提升，其所承受的压力也比之前小了很多。因此，医生可以把更多的精力放在诊断和治疗上，以帮助患者早日摆脱疾病的折磨，甚至还可以一边查房一边将患者的情况记录到手机上。

在我国，目前已经有医院使用该设备完成工作了。如大同市第三人民医院，基本上该院所有医生都已经使用语音识别系统去完成电子病历的录入工作。此举不仅改变了医生的工作方式，降低了医生的工作强度，还使患者可以有更多的时间与医生沟通，从而缓解了紧张的医患关系。

大同市第三人民医院在改善医疗服务方面做出的成绩，也为其他医院提供了可借鉴的经验值。首先，提升技术能力，利用"语音识别系统+电子病历"提升管理水平；其次，简化就医流程，使患者更加及时地得到治疗；最后，大力发展智慧医疗，推动整个医疗领域的转型升级。

9.3.2 可穿戴设备"拯救"慢性病患者

虽然我国人民的经济实力正在发生跃迁式的变化，但是慢性病患者的数量依然居高不下。大众依旧把期待的目光看向科研领域，希望科研人员能利用现代的高新技术，为人们缓解慢性病所带来的困扰。为此，我国政府正在逐渐注重此问题。

中华人民共和国国务院办公厅发布的《关于促进"互联网+医疗健康"发展的意见》明确指出："加强临床、科研数据整合共享和应用，支持研发医疗健康相关的人工智能技术、医用机器人、大型医疗设备、应急救援医疗设备、生物三维打印和可穿戴设备等。"

无独有偶，国药器械（中国医药集团旗下的合资企业）转变身份，积极入局临床医疗器械和可穿戴设备这两大领域。目前，这两大领域是智慧医疗的重要推动力，不仅发展潜力十分巨大，应用前景也非常广阔。

可见，无论是在国家层面还是企业层面，可穿戴设备都被提上了日程，而且正在为医疗领域带去不可忽视的优势。就目前的市场来看，慢性病患者将成为可穿戴设备的目标群体，主要有以下几个方面的原因：

（1）慢性病患者数量较多。如今，癌症、心脏病、糖尿病、高血压等慢性病患者在不断增多，死亡率也在逐渐增加。可穿戴设备作为管理健康的工具，不仅可以让这些慢性病患者提前知晓自己的情况，还可以帮助医疗机构切实解决预治疗问题。

（2）初步的消费认知和习惯已经形成。在可穿戴设备还没有出现之前，血压计、血糖仪等设备就得到了广泛应用。从本质上来看，可穿戴设备就是血压计、血糖仪等设备的升级版，可以理解为以电子纹身的方式将可穿戴设备与慢性病患者的身体无缝融合，再借助手机呈现出最终的结果。

（3）慢性病患者黏性较强。慢性病患者对医疗设备追求的是数据的准确性和结果的可信性，而不是外观的时尚娱乐性。一旦购买了设备，并且设备具有相应的功能，那么慢性病患者很少因为失去新鲜感就将其遗弃或放置不用。

在医疗领域，尤其是慢性病领域，可穿戴设备有很大的发展空间，因为它可以降低医疗成本。众所周知，慢性病患者要想控制病情，除了需要经常复查以外，还少不了长期的药物支持，所以他们不得不付出大量时间和金钱上的成本。

以糖尿病为例，相关资料显示，我国糖尿病患者正逐年增多，这已经成为一个重大的公共卫生问题。在解决这个问题的过程中，可穿戴设备作为科技时代的产物，同时也是医疗领域的新工具，能够发挥非常重要的作用。

例如，借助远程医疗技术和可穿戴设备，身处偏远地区的糖尿病患者可以及时获取医疗信息并得到有效治疗。在这种情况下，糖尿病患者不需要频繁往返于家和医疗机构，由此可以节省一大笔路费。此外，糖尿病患者还可以通过可穿戴设备与医生保持联系，以便更好地遵照医嘱服用药物，这不仅有利于防止病情恶化，还有利于大幅度减少医疗费用。

面对慢性病患者及其家人的期待与呼吁，医疗机构需要更加关注可穿戴设备。在科技快速发展的时代，科研人员要做的是让可穿戴设备变得更智能、更高性能、更人性化，让人们的想象成为现实。

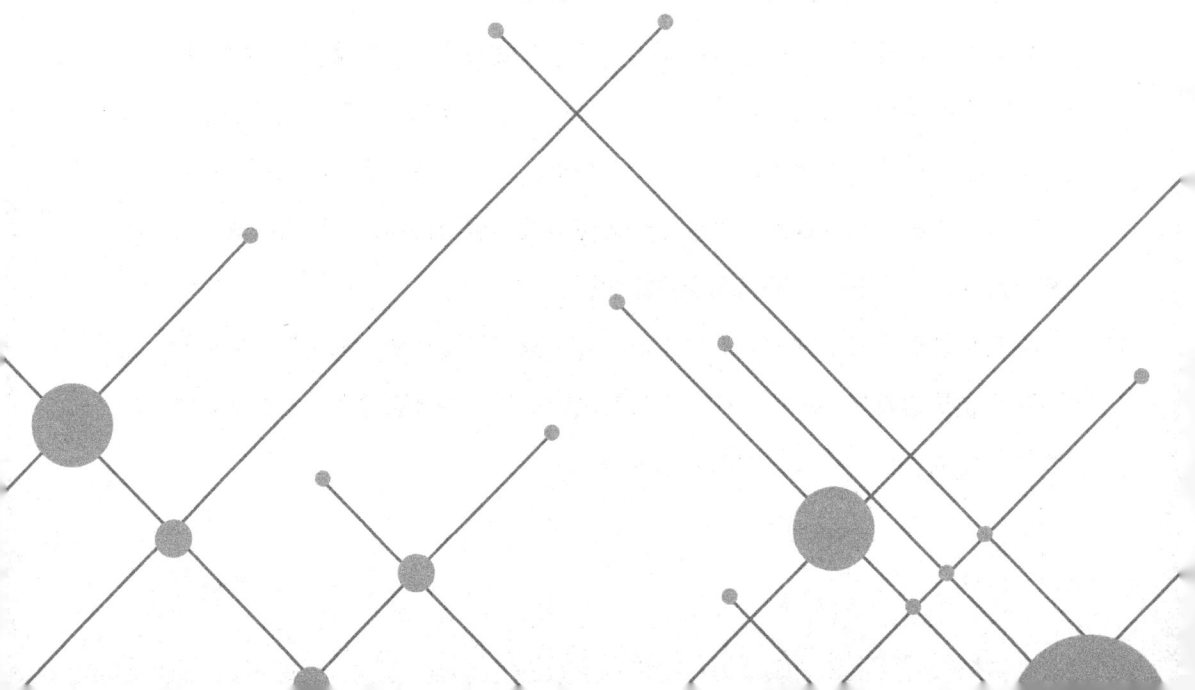

第 **10** 章

智慧交通：工业互联网构建新型交通网络

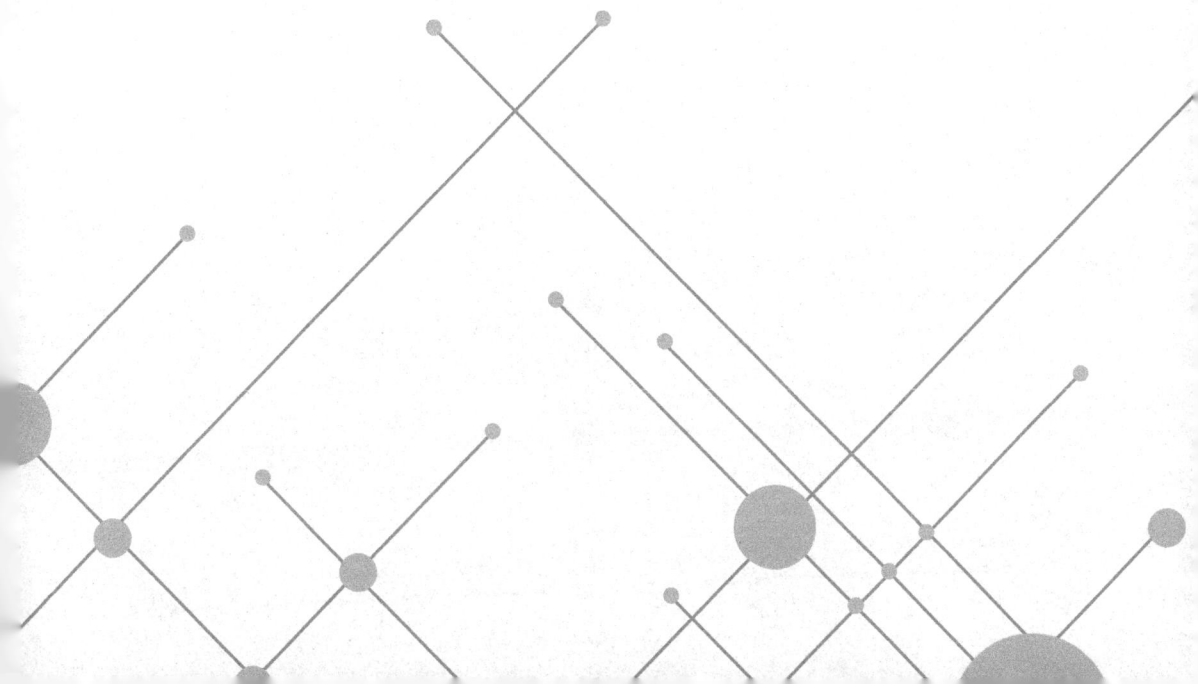

在交通领域里，工业互联网技术的应用通常是让交通设备变成数据终端。基于这一改变，城市道路交通拥堵等问题就会得到很大改善，因为它对实现道路情况的预判有很大帮助。另外，交通事故的调查、处理也会变得更加便捷与高效。

10.1 工业互联网改善交通领域现状

我国交通行业发展到现在，各项管理日趋成熟。即使没有工业互联网的加入，我国交通的管理可以说是成绩斐然。但随着工业互联网的发展，传统管理模式已不再适应新的社会发展要求，智慧交通已经成为各国重点关注的领域。交通领域要想继续发展就必须走信息化、智能化的道路，真正实现人、车、路、网诸多元素的融合统一、协调发展。

10.1.1 交通设备变身数据终端

在移动互联网时代，每一位交通参与者的每一个行为都可以以数据的形式呈现出来。移动互联网已经和人们的生活密不可分，所有人都是互联网与自身的有机融合。所以，在这种情况下，交通领域的数据来源就变得十分广泛。如高德地图、滴滴出行等应用软件所提供的用户数据，公共交通卡提供的数据，道路监控系统提供的数据等。

数据的开发和利用会使交通设备发生改变。在工业互联网的助力下，交通设备也将成为数据终端，可以对一些重要的数据进行记录和储存。与此同时，交通设备也是数据的提供者，可以为交通领域带来巨大价值。

2019 年，HashCoin 研发出一款先进的车辆登记系统，该系统为车辆提供了自动化认证，对车辆的安全与追踪也可以全部记录，避免了数据造假的可能。

此外，基于工业互联网，该系统还尝试把 5G 与区块链结合起来以实现车辆认证管理的自动化，以及车辆数据（包括所有权变更、保险情况、行驶路程等）追踪的全面化。

目前，HashCoin 的车辆登记系统吸引了很多制造商的关注，这些制造商不仅有意引入该系统，还愿意帮助 HashCoin 实现系统的正常运行。

在交通领域，工业互联网还可以帮助实现车辆、测速仪、信号机等交通设备的相互连接。在使用过程中，通信功能可以支持各个交通设备之间的交流，从而使工作人员更实时地了解交通情况。

在交通数据可以实时传递的情况下，相关人员能够及时了解道路上出现的问题，或者根据数据预估出将会发生的问题。基于此，大城市的交通拥堵问题会得到有效缓解，道路与天气情况也能被及时掌握，从而大大降低发生交通事故的概率。

通过实时监控数据，并与交通设备进行数据传输，相关人员可以更高效地工作。例如，根据已经掌握的数据，司机可以确定合适的行驶方式与行驶路线，这样不仅保障了行驶的安全性、可靠性，还可以减少对车辆的损耗。

对于交通设备乃至整个交通领域来说，数据都扮演着重要的角色。数据在交通设备之间快速、准确和实时地流动，能够使企业迅速对市场做出反应，从而实现商流、信息流、资金流、物流等的良性循环。那么，企业具体应该怎样做呢？

首先，通过技术和平台改进数据的管理方式，清理、修改和完善不利于交通领域发展的各类规定，建立一体化的运营系统，及时自动地更新数据，提高数据的透明性和时效性。

其次，引入先进的设备，不断提高自身研发能力，提升各项相关工作的效率，加快交通数据化和物流信息化的进程。

最后，进一步优化运营系统，加大资源整合力度，通过不断实践，提高服务质量，发挥交通领域的整体优势，实现互利共赢，从根本上改善现状。

总结来讲，工业互联网不仅保留了原有乘车上网与数据下载等优势功能，还利用传感器进一步提升了交通设备管理水平。由此可见，工业互联网与交通领域的有机结合可以给人们带来更加便利的出行体验，既保障了出行的安全，同时还为构建智能型社区、创造智慧型城市提供了有力保障。

10.1.2　预判道路情况，缓解堵车问题

随着汽车数量的猛增及城市的不断发展，道路拥堵的问题越来越严峻。近年来，为了缓解这样的现状，很多企业都在积极探索，希望借助技术的力量实现智慧交通。高德地图与阿里云就是其中非常具有代表性的企业。

针对拥堵问题，高德地图与阿里云提出了"城市大脑·智慧交通"策略，即依靠新型的感知系统，结合工业互联网、人工智能、大数据、云计算等技术，制订不同情况下缓解拥堵问题的个性化方案。

例如，在中型城市，路口是拥堵问题的高发地段，为此，高德地图对某中型城市所有路口的红绿灯进行了智慧化管理，当路口的某个方向出现大量汽车时，感知系统就会以全局化的角度进行分析与判断，适当延长这个方向的绿灯时间，同时延长其他方向的红灯时间。

出现拥堵问题的原因主要有三个：一是资源供需不匹配，二是公共交通分担率不是很高，三是道路网络没有得到充分利用。其中，资源供需之间的矛盾不是很容易解决，短时间内无法使其达到平衡状态，但是提高公共交通分担率

和道路网络利用率现在都可以实现。因此，在解决拥堵问题时，可以从后面两个因素入手。

再接着说回高德地图与阿里云的"城市大脑·智慧交通"策略，其核心架构包括两部分：数据底盘和应用组件。数据底盘是技术基础，通常由数据存储平台和数据计算平台组成；应用组件是分析系统，由智能开放平台和应用服务平台组成。

在这两个核心架构的助力下，"城市大脑·智慧交通"策略可以通过不同的形式对平台进行拼接，从而形成不同的方案，缓解不同情况的拥堵问题。目前，智慧交通正在逐渐成为衡量城市管理水平的指标，随着其地位的不断提高，更多与之相关的应用即将出现，拥堵问题将会被彻底解决，民众的出行体验将会进一步优化。

10.1.3　交通事故及时调查、处理

随着人们生活水平的提高，我国汽车保有量呈指数式增长，随之而来的则是交通事故的多发。所以，交通领域要想成功向数字化、智能化转型，提高社会效率，对交通事故的快速调查和处理便是急需解决的问题之一。在这一方面，我国已经有了一套比较成功的经验，如利用监控设备、智能检测系统，再配合现场卫星通信指挥，形成一套交通事故紧急预案的联动机制。

如今，工业互联网也开始融入交通事故的调查和处理中，这为整个交通领域带来了福利。并且，随着计算机、5G、物联网、区块链等高新技术的发展，智慧交通正在朝着新阶段迈进，使交通领域经历了一次全新的升级。

工业互联网可以应用到交通领域的诸多方面，例如，利用"就近原则"将

交通事故现场的通信资源进行整合，以加强交警与当事者的沟通和交流；通过地理信息系统，把交通事故现场的当事人、车辆、交警等动态显示在地图上，实现便捷地查询和定位。

此外，在交通事故的调查、处理上，工业互联网还可以完成以下三项任务，即自动传感和信息采集、快速报警和快速出警。

1. 自动传感和信息采集

运用强大的自动传感系统，基于工业互联网技术的交通平台可以实时采集和判断交通事故的具体情况，并迅速将其传送给附近的相关工作人员。这样有助于缩短交警到达交通事故现场的时间，从而将当事人的损失降到最低。

2. 快速报警

基于工业互联网的交通平台会记载相关执法人员或交警的完整数据，如工作时间、工作范围、联系方式等。这就为事故当事人提供了便利条件，他可以通过手机或者其他移动设备快速搜索到附近的工作人员，并向其及时报告相关信息，如交通事故的地点、人员伤亡情况等。

3. 快速出警

交警或相关工作人员可以通过交通互联网平台接收到交通事故的具体情况，并与当事人快速完成交互，从而实现基于工业互联网的高效感知和快速出动。此外，交警还可以向交通部门的指挥中心发送处理方案，以实现统一部署。

引入工业互联网，使用先进技术以后，交通信息可以得到有效利用，例如，智能设备可以根据这些信息对交通事故进行识别、定位、追踪、监控，并在此基础上迅速生成解决方案。这有助于交通事故的深入调查和迅速处理，也有助于交通部门提升工作效率。

基于工业互联网的交通事故处理系统以 RFID（射频识别）为核心，结合射频识别、地感线圈、GPS 等先进技术，构建一个交通管理服务网络，及时将道路、交通事故等情况向社会发布，提示其他司机尽快调整行驶路线，避免出现拥堵的现象。

总而言之，随着工业互联网在交通领域的应用，交通事故的调查和处理效率将会提高数倍。工业互联网不仅加强了对交通事故的全方位监控力度，还实现了对车辆和当事人的精细化管理。对于整个交通领域而言，工业互联网具有非常重要的意义。

10.2 智慧交通深入日常生活场景

工业互联网在交通领域的应用有利于智慧交通的实现。并且，虽然智慧交通目前处于初级阶段，但它在不断地向人们的日常生活场景渗透。如购票效率进一步提升、高效及时的交通信息服务、停车难题得到进一步解决等。工业互联网技术的发展，将会使交通领域的管理发生历史性的变革。

10.2.1 购票效率进一步提升

智慧交通深入日常生活，而且十分受欢迎可能是很多人都始料未及的事情，但是不得不承认，这是一场波及交通领域和出行行业的巨大风暴。因此，如果哪个企业没有跟上时代的潮流，就会面临被淘汰的危险。

智慧交通深入日常生活的一个重要表现是购票效率的提升，阿里巴巴是这方面的先行者和引领者。在上海，阿里巴巴成立了第一家智慧交通站（见图 10-1），通过该智慧交通站购票和出行，不需要花费很长的时间，整个流程的效率非常高。

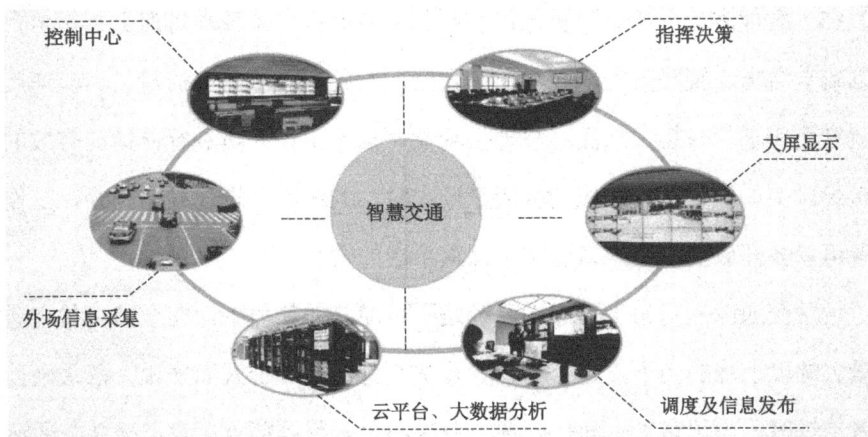

控制中心　　指挥决策

大屏显示

智慧交通

外场信息采集

云平台、大数据分析　　调度及信息发布

图 10-1　智慧交通站

在智慧交通站，人们可以通过语音购票，并且采用刷脸的方式进站，这期间完全不需要拿出手机。因此，即使信号特别差或没有网络的情况下，也完全不会影响人们的出行。即使支付余额不足，人们还可以选择先进站再支付费用，这极大地方便了人们的出行。

总的来说，智慧交通站的出行主要包括以下三个环节。

（1）语音购票。人们在购票时不需要说出站点和路线，而是直接说出目的地即可。例如，只要说出"我想去水上公园"，那么售票机就会自动推荐站点和路线，等到语音确认之后就可以完成购票，整个过程大概只需要花费几秒钟。另外，如果想更换购票的数量，也只需要语音操作即可完成。例如，说出"把购票数量改成三张"之后，售票机就会自动回复"已改成三张"，然后只需要支付相应的费用即可。

（2）刷脸进站。完成语音购票后，人们就可以采用刷脸的方式进站。新型的进站闸机上有一块屏幕，这块屏幕可以完成刷脸辨别工作，所以人们不需要停留，也不需要拿出手机，这大大缩短了进站的时间，提升了进站的效率。

（3）智能客流分析。阿里巴巴为智慧交通站提供了智能客流分析服务，即根据刷卡数据、视频数据等各种关键数据，对各个区域的客流量、客流速度和客流密度等进行分析，从而缓解拥挤现象，帮助工作人员进行便捷、有效的交通疏导。例如，当某个区域的客流量过大时，系统就会迅速发出预警，工作人员就可以多开放几个进站口以防止踩踏事故的发生。

智慧交通深入日常生活场景已经是不可逆转的趋势了。在全国公共交通客流量大幅度上涨的当下，这样的趋势非常有价值。对于人们来说，在乘坐公交或者地铁时，忘记带卡、充值麻烦、余额不足等都是痛点；对于公共交通运营商来说，假币泛滥、现金清点成本高、现金管理不便等也都是痛点。而智慧交通的出现在很大程度上消除了这些痛点，人们的出行变得更加简单、便捷，公共交通运营商的运营效率也会不断提升。技术升级为我们带来了一个全新的智慧交通时代，未来还将有更多像阿里巴巴这样的企业加入其中。

10.2.2 高效及时的交通信息服务

在现如今的时代背景下，要想让智慧交通更充分地融入人们的日常生活场景，就需要企业将先进的数据通信传输、传感、信息及计算机等技术有效地运用于整个交通领域。工业互联网还可以充分利用现有交通设施，减少交通负荷和环境污染，保证交通安全，提高运输效率。

借助各项技术与工业互联网的融合，交通领域将焕发新的生机，实现实时交通信息服务。其中，实时交通信息服务有很多功能，具体可以从以下三个方面进行说明。

1．缓解交通压力

通过对交通信息的充分获取，司机可以及时改变行车路径。在这种情况下，道路上的无效车辆会有所减少，拥堵情况将进一步改善。也就是说，交通压力可以在消耗成本最低的基础上得到有效缓解（见图10-2）。

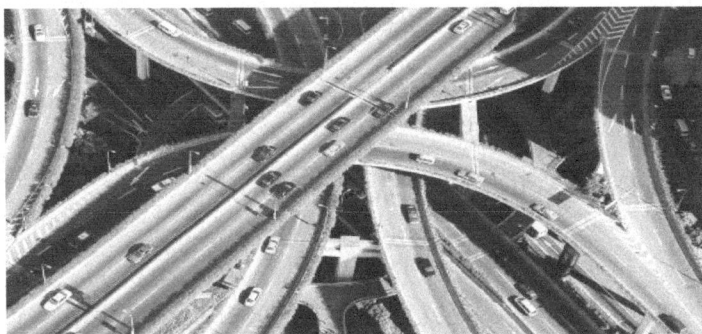

图 10-2　交通得到缓解效果图

2．全程监控，提高安全性

当获取到车辆位置、道路情况、司机行驶状况等交通信息时，交通领域的可视化和安全性将不断提高。例如，在途车辆出现意外后，交通管理人员可以根据监测到的交通信息迅速反应，第一时间赶到现场，这样可以将损失降到最低，保证车辆和司机的安全。

3．提高交通系统的敏捷性

在交通领域，随着设备的个性化发展与交通信息数据的积累，交通系统将变得更加敏捷。交通信息数据积累得越多，交通系统给出的解决方案越精准。再加上5G手机等设备的出现，交通系统的反应速度也会比之前快很多。

因为受到交通信息化不断发展的影响，交通信息服务必须具备实时性。无论采取什么样的方式，交通信息服务的覆盖范围必须被进一步扩大，提供的交通信息也要更加全面。工业互联网可以让这些目标顺利实现。具体来说，通过各种技术整合交通参与者，使这些交通参与者的信息可以交换和共享，从而改善整个交通领域的现状。

工业互联网时代，交通系统提供及时、高效的交通信息服务是对人们出行最有力的保障。在整个行驶过程中，信息的及时提供与车辆的实时跟踪和监控都能使司机及乘客的人身安全得到保护。这不仅有利于节省人们的出行成本，还可以极大地推动现代交通的发展。

10.2.3　变革交通系统，停车不再困难

如今，我国人口的增长率虽然不再上升，但相对于其他国家来说，我国依然是人口大国。这就导致了资源配置严重不合理的问题。随着科技的进步，居民楼、商业楼与基础设施等占地面积越来越大，停车位配置存在严重失衡。随着私家车保有量爆炸式增多，资源配置不合理使停车难成为一个交通领域的痛点。将工业互联网运用于交通领域，不仅可以有效解决停车难的痛点，还可以实现交通的智能化与自动化。

新西兰 ITS 基金会基于工业互联网和 5G，推出了与众不同的智慧交通系统。它是一个应用于停车场的智慧交通系统，该智慧交通系统不仅实现了资源的合理配置，解决了停车难、技术应用难等问题，还推动了停车场的智能化发展。

新西兰 ITS 基金会的智慧交通系统由三个部分组成，具体如下。

1．物联网立体车库

物联网立体车库（见图 10-3）是 5G 与物联网相结合的产物，有效地达到了车辆与车库之间的智能连接，并且能有效解决车位及空间信息不对称的问题。

图 10-3　物联网立体车库

2．车位流转平台

借助工业互联网可以建立车位流转平台，将未开发和未充分利用的车位整合在一起，以提升车位的利用效率。

3．共享车位

智慧交通系统将每一个车位都纳入了节点中，然后根据车辆行驶里程、道路实际状况等交通信息实现车位的共享（见图 10-4），从而最大限度地避免了资源浪费。

以前的车位数据都是通过人工输入的方式进行记录，在输入过程中，工作人员很可能会因为疏忽而出现失误。智慧交通系统通过感应的方式，根据车辆的行驶与停靠的具体情况记录车位数据，而且车位数据一经记录便无法修改，其真实性和有效性都非常有保障。

图 10-4　共享车位

智慧交通系统的每一个节点对应一个车位，每一个车位被当作无形的资产，以此实现资产的数字化，保持车辆与车位之间的平衡。智慧交通系统可以实时提供车辆与车位的信息，这样不仅有利于缓解停车难问题，还有利于让车主享受到更加智能化的停车服务。

目前，各个城市运用智慧交通系统的实际应用案例正在不断增加，停车难的问题在今后有望得到缓解。在工业互联网时代，使用先进的平台与技术整合车位数据及车位资源，可以有效缓解停车难问题。这既是交通领域的未来发展方向，又是市场的倾向点。

10.3　智慧交通带来更有价值的商业机会

由于智慧交通在帮助交通领域技术集成、商业模式创新等方面大有成效，所以智慧交通获得了业内外人士的广泛关注，国家也将交通行业规划为重点推进行业之一。这有利于推动智慧交通的进一步发展。

由于看重智慧交通的巨大价值和盈利机会，很多企业积极入局。相关资料显示，目前，智慧交通每年以上千亿元的市场规模在持续增长。例如，滴滴出行不仅大力发展无人驾驶汽车，还建立了"一站式出行平台"等来推动智慧交通的发展。在企业的推动下，交通安全问题得到了有效保障，人们也可以享受到更加优质的出行服务。

10.3.1 "无人驾驶"潮流

从我国政策看来，智慧交通将会是未来优先发展的主题。因为，智慧交通符合建设绿色城市的要求，如可以提升交通管理效率、减少环境污染、保证交通安全等，因此它会获得政府及各企业的大力支持。从长远角度来看，智慧交通将得到更加广泛的应用，并且它创造的丰厚效益将会使其具有非常广阔的市场前景。

为了抢占市场，滴滴出行、一号专车、Uber 等交通领域的知名企业正在进行一场疯狂的"烧钱"大战，并吸引到了百度、阿里巴巴、腾讯等企业的参与。如今，在小区、写字楼、校园等诸多场景中，都可以看到包括滴滴出行在内的各知名企业的身影，而它们的野心远不止于此，其今后的掘金重点实际上是智慧交通。

在智慧交通领域，无人驾驶汽车是不得不提的盈利点，这些企业当然不会放过这个绝佳机会。滴滴出行 CEO 程维表示："滴滴接下来的任务是推动无人驾驶汽车进入日常生活，要努力让用户享受到更完善、更安全的服务。"2019

年 8 月，滴滴出行拿到了上海的无人驾驶汽车的路测牌照，嘉定区将成为第一个测试地点，无人驾驶汽车真正上路指日可待。

无人驾驶汽车是智慧交通的重要组成部分，其主要工作原理是通过智能驾驶仪，配合计算机系统，实现自动化驾驶。具体来看，无人驾驶汽车综合了很多项技术，如视觉识别、超强的感知决策等。无人驾驶汽车不仅能够识别道路上的行人和车辆并迅速做出相关决策，还可以像熟练的司机一样进行调速，实现最完美的驾驶。

预计在 2022 年前后，无人驾驶汽车将全面进入市场，为智慧交通开启一个全新的篇章。无人驾驶汽车之所以发展得如火如荼，与其自身所具备的优势密不可分，这些优势可以为日常生活带来诸多便捷，如图 10-5 所示。

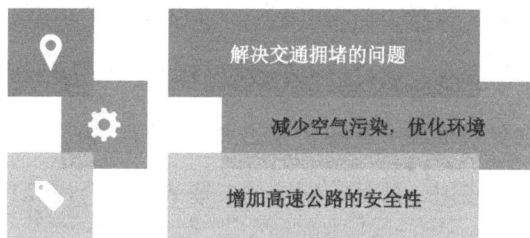

解决交通拥堵的问题

减少空气污染，优化环境

增加高速公路的安全性

图 10-5　无人驾驶汽车的优势

1. 解决交通拥堵的问题

每个城市都会面临交通拥堵的问题。在我国，有 66 个城市的汽车保有量已经超过 100 万辆，有 29 个城市的汽车保有量已经超过 200 万辆。随着汽车数量的不断增多，交通拥堵的问题会越来越严重，环境也会进一步恶化。

无人驾驶汽车的感应器能够与交通部门的智能感知系统联合工作，从全局角度把握各个十字路口的实时车流量信息。然后，无人驾驶汽车会根据实际情况调整自己的路线，尽量做到不扎堆出现在同一个十字路口。这样就能有效提高通行效率，缓解令人头疼的拥堵现象。

2．减少空气污染，优化环境

燃油汽车尾气是造成空气质量下降的主要原因之一，而无人驾驶汽车能够有效减排并提高节能效率。在共享经济时代，无人驾驶汽车将成为共享汽车的一部分，而且拼车的乘客越多，对环境的污染就越小。

3．增加高速公路的安全性

高速公路的安全问题一直非常令人焦虑，几乎每天都会有司机死于高速公路的交通事故，对此，世界各国都在努力采取措施。在安全问题上，无人驾驶汽车可以大幅度降低交通事故的危害，从而减少人员伤亡。

从本质上讲，无人驾驶汽车能够最大限度地节省人力，进一步降低成本。对于未来的交通领域来说，如果无人驾驶汽车能够被大规模研发，必然会有更加强烈的市场需求与美好的市场前景。总而言之，无人驾驶汽车的落地会给传统交通领域带来巨大冲击，同时也会使人们的出行方式和生活方式产生巨大变革。

现在人们在提到无人驾驶时，先想到的就是在无人干预的情况下无人驾驶汽车可能极易引发交通事故，但是未来的高新技术一定能为无人驾驶汽车的安全性保驾护航。当然，从事情的两面性看，无人驾驶汽车也将推动智慧交通的进步和发展。

10.3.2　一站式出行走向现实

我国国民经济正在向发达国家靠拢，人们的生活水平在不断提高。随着交通工具的不断创新发展，人们的出行方式也变得多元化，一站式出行的需求也越来越强烈。所谓一站式出行主要是指，将各种交通模式全部整合在统一的服务体系与平台中，从而充分利用各种先进技术，调配最优资源，规划最优路线，实现个性化出行的交通服务生态，并以一票制方式或包月套餐方式进行支付。

从整体上来看，一站式出行有以下四个特征：智能、共享、一体、人本。

（1）智能——以移动互联网平台的大数据资源、机器学习、人工智能等技术为基础。

（2）共享——将重点放在出行服务的提供上，人们不仅是出行服务的享受者，也是交通数据的提供者与分享者。

（3）一体——对各种交通模式进行整合，人们不需考虑出行过程中各种交通模式的衔接，并采取一票制或包月套餐的支付方式。

（4）人本——以人为本，给人们提供无缝衔接、安全、便捷、舒适和个性化的出行服务。

在交通领域转型升级之际，滴滴出行迎合时代发展，建立的"一站式出行平台"使人们享受到了极致的出行服务。通过滴滴出行的"一站式出行平台"，人们可以看到从始发点到目的地的所有出行方案，其中包括时间最短或者费用最低的推荐出行方案。例如，费用最低的出行方案是：从始发点叫一辆快车，然后搭乘地铁，最后坐公交车抵达目的地。

就现阶段而言，滴滴出行的"一站式出行平台"已经展现出了很多优势。首先，高效、精准匹配需求与供给，大幅度提升交通效率；其次，为人们提供个性化、多组合出行方案，满足快捷、舒适、绿色出行等需求；最后，自动规划路径，优化城市交通组织。

目前，很多国家都开始探索一站式出行服务，其中也不乏一些交通强国，如美国、英国等。一站式出行已经逐渐成为交通强国的重要标志之一，我国在这方面具备一定的竞争力，如智能手机普及率高、网约车和共享单车发展迅猛、移动支付技术先进等。

我国发展一站式出行的目的就是让人们的出行过程更加便利。一站式出行会为人们的生活创造更多的有利价值，要实现这一目的，不仅需要政府、相关领域的企业从一点一滴做起，还应该集结民众的智慧与力量，尽快使交通领域走向数字化、自动化与智能化。

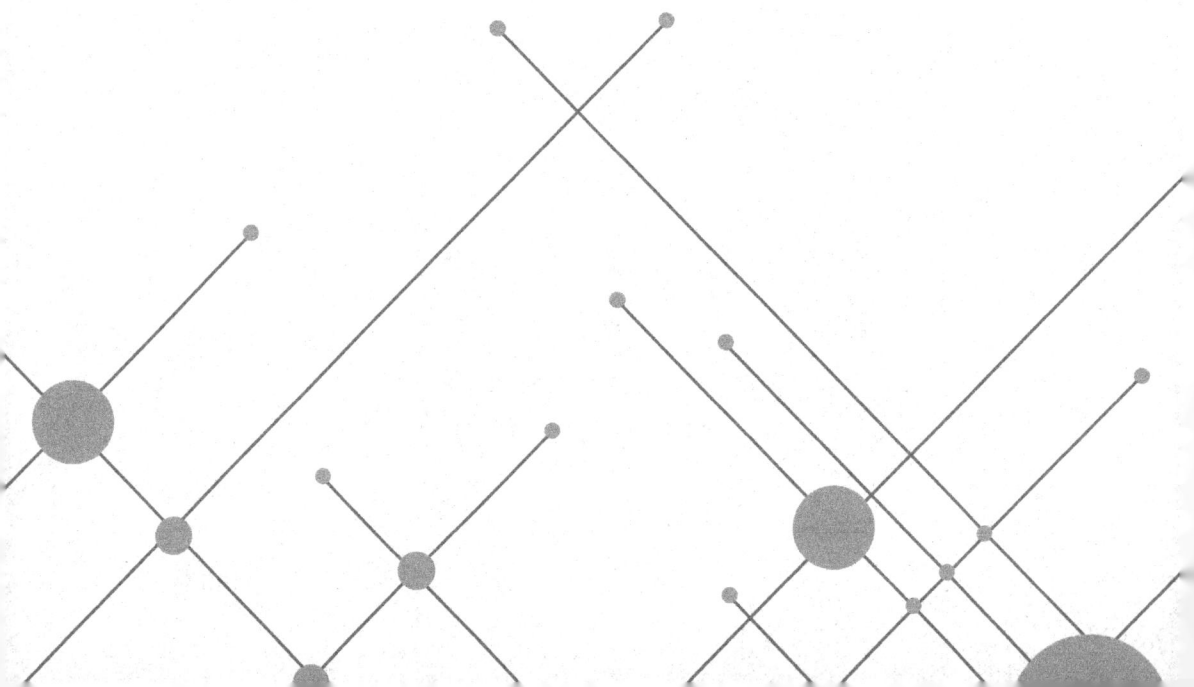

第 **11** 章

智慧能源：基于工业互联网的
能源开发

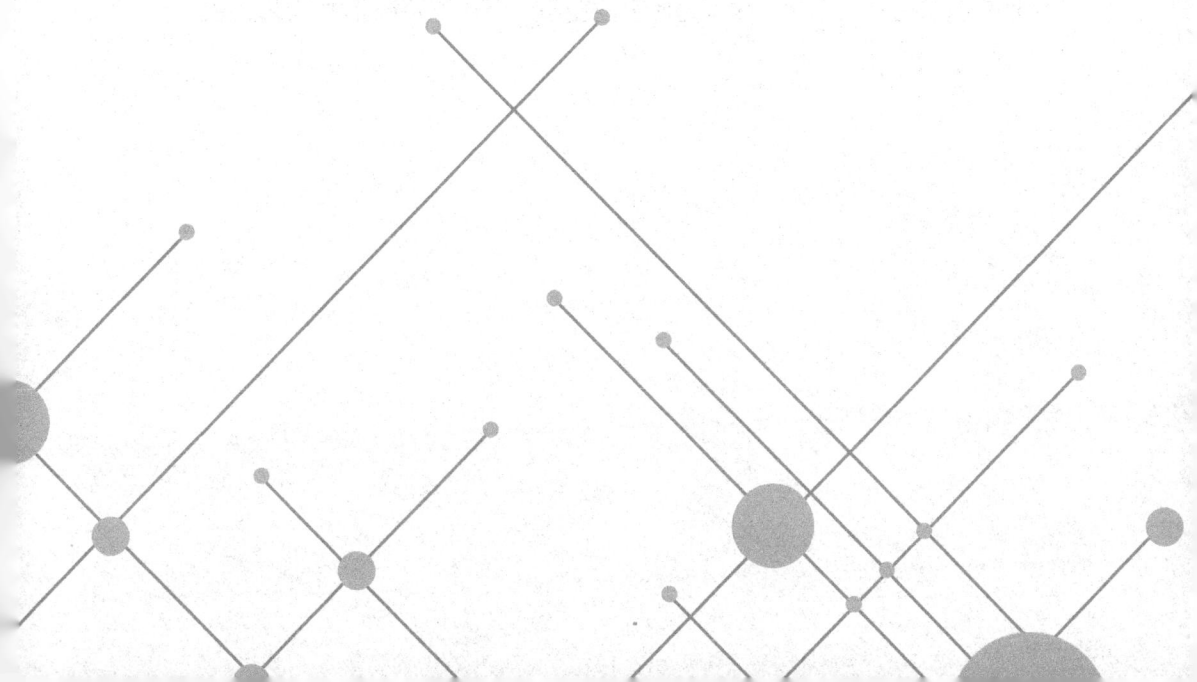

在影响各国经济实力与综合竞争力的因素中，能源行业扮演着非常重要的角色。目前，世界主要国家都非常看重能源行业，并为推动其发展制定了各种政策，如美国颁布的《全面能源战略》、日本出台的《面向 2030 年能源环境创新战略》等。

　　随着新一代互联网技术的发展和普及，各国能源行业的转型升级需求变得越来越迫切，以工业互联网为代表的变革已经在能源行业中广泛发生。

11.1 工业互联网改变能源行业的三个角度

目前，我国能源行业的发展处在中期，既有比较扎实的信息化基础，又在工业互联网方面有很大的提升空间。由此可知，我国能源领域与工业互联网技术的结合还不算成熟，但其发展是可以看得见未来的。

把工业互联网应用到能源领域中，可以对我国能源的生产、传输、消费产生积极作用。例如，打通信息流，整合生产数据；实现不同国家和地区之间的连通，降低能源传输的成本；促进产销一体化，加强双向交互等。

11.1.1 生产角度：共享数据、能量、能源

从生产角度来看，现阶段，我国能源行业对数据、科技的掌握程度还不够成熟。首先，虽然大部分能源行业企业都具备相应的控制层系统，能简单地对生产过程进行监控和管理，不过由于缺少对技术的认识和引进，导致企业整体效率低下；其次，大部分企业的数据分析能力亟待提升，其数据的价值没有得到充分发挥。

由此可见，能源行业对工业互联网有十分迫切的需求，必须通过工业互联网完成技术和数据模式的创新，以及智能化与自动化的升级。对于能源行业的生产端，工业互联网可以提供以下两种关键技术支撑。

（1）工业无线、时间敏感网络、IPv6（互联网协议第 6 版）、5G、广域网等与工业互联网息息相关的技术能够迅速打通能源行业的信息流，将重要的生产数据整合在一起。

（2）数据管理与分析可以实现数据的深度挖掘与广泛应用。

在能源行业，工业互联网推动了生产端的价值提升，而且随着各项技术的不断成熟，在电力、化工、光伏等领域也获得了良好发展。从生产角度来看，工业互联网可以优化工厂的能源消耗，实现产业链的自动化管理，提高企业的生产效率。

要想在我国成功建立起智慧能源生产体系，就必须促进能源行业与工业互联网的快速结合。智慧能源生产体系的建立，不仅可以实现能源生产的智能化，推动各类能源协同发展，还可以实现数据、能量、能源三者之间的交换与共享。

11.1.2 传输角度：强稳定性与高效率

在能源领域，具备一个强稳定性与高效率的传输系统也是提升企业竞争力的一大要素。所以，除了生产系统，能源行业的传输端的变革也需要工业互联网技术的支持。如今，各国家、各地区的能源规模有很大不同，为了缓解这种现状，能源必须被不断传输。然而，在传输的过程中，不仅要花费巨额成本，还要消耗大量时间，企业和整个能源行业是很难接受的。

借助工业互联网，不同国家和地区之间可以实现连通，这有利于降低能源传输的成本，提升能源传输的灵活性。对于大规模、远距离的能源传输来说，只有更低的成本才可以实现更高的灵活性，这在很大程度上取决于整个能源行业的效率。

要想提高传统能源传输的整体效率与质量，技术的升级是必不可少的，但还必须要有一个完善、有效的解决方案。借助这个解决方案，各国家、各地区的能源被整合在同一个网络中，能源的传输效率将会有很大提升。

11.1.3　消费角度：产销一体化，双向交互

从消费角度来看，我国目前能源领域的企业通常在与用户信息交换时出现断层。这会导致企业营销的不稳定。而工业互联网技术的发展，帮助能源企业构造了一种融合了信息和能源的体系，通过这个体系，任何合法主体都可以接入和分享自己的能源。此外，该体系还实现了双向配置，即不仅可以将能源传输给用户，还可以对用户的闲置能源进行回购再配置，这不仅可以促进产销一体化，还有利于实现双向交互。

工业互联网下的能源消费不是封闭式的，而是需要与其他环节协同发展。在这种情况下，只考虑"接入和分享能源"肯定不可以，更重要的是打通能源的线上线下交易。当然，这件事情不可能一蹴而就，必须有一个不断完善的过程。

曾有研究人员对"工业互联网+能源消费"的路线进行了规划，并提出未来的主要发展目标。如今，随着能源改革的推进和工业互联网技术的不断发展，这个目标的实现进程会进一步加快，能源消费也会变得越来越高效、越来越便捷。

11.2　能源行业为何要引入工业互联网

能源行业是我国经济体系的一大支撑，我国政府也相当重视其发展。我国

早已颁布了各种红利政策，来支持和引导工业互联网在能源行业中的发展与应用，并取得了不错的成绩。

首先，能源行业引入工业互联网以后，能源的生产与消费效率得到了大幅提升；其次，在工业互联网出现以后，能源系统得以构建，能源交易中的供给与需求实现了平衡；最后，为了推动工业互联网在能源行业的普及，中国大唐集团有限公司、上海电气（集团）总公司、积成电子股份有限公司、中国移动通信集团公司、联想集团都展开了部署和行动。

11.2.1　能源的生产与消费效率亟待提升

在能源领域，企业要想得到高速发展，首先要做的就是要将能源的生产与消费效率的基础打牢。因为能源生产是整个系统的根基，而能源消费则是检验整个系统成效的关键。

随着能源生产与消费革命的持续发展，工业互联网与能源行业的结合变得迫在眉睫。当能源行业引入工业互联网后，能源生产与消费效率可以得到大幅提升。

在能源生产方面，中国大唐集团有限公司与上海电气（集团）总公司等企业达成合作，共同建立了工业互联网平台。该平台可以对生产数据进行采集、汇总、监测，从而为能源生产流程的优化提供依据，为改进生产设备、重组生产线提供支撑。

在能源消费方面，积成电子股份有限公司、中国移动通信集团公司、联想集团携手建立了智慧能源平台，以便在分析能源使用数据的基础上使能源实现按需配置。对于企业来说，智慧能源平台可以管理能源消耗、降低能源开支；对于政府来说，智慧能源平台可以提供能源消费的动态信息，促进能源的有效监管和实时调控。

在工业互联网与能源生产、消费方面相结合的发展过程中，将会创造超出人们想象范围的更多价值。而能源企业需要做的是在立足自身实际情况的条件下加深技术利用率，充分整合资源，完成企业战略目标的实现。

11.2.2　构建新型的能源交易

从经济社会形成以来，各行业的垄断与反垄断竞争似乎一直都存在。在能源领域也不例外，当人们开始享受能源提供的服务时，能源交易就一直被少数寡头控制着。但不得不承认，之前经济发展比较缓慢的时候，高昂的基础设施建设费用也确实只有少数寡头才有能力承担。

能源交易中包含着各种各样的费用，如坐落在大城小镇中的变电站、长度高达数千公里的传输网络、超百万的工作人员……这些费用使经济实力较差的中小企业望而生畏，不过，在这巨额投入的背后确实隐藏着非常丰厚的利润。

尤其在工业互联网出现以后，构建能源系统的可能性就变得越来越大。只要有能源交易发生，智能设备就会在第一时间告知能源系统。借助工业互联网，能源可以被自动控制，从而使供给与需求始终保持一种平衡的状态。

当供给大于需求时，智能设备会自动将闲置能源提供给储能装置；当需求大于供给时，智能设备会让储存在储能装置中的闲置能源去填补供给的不足。通过这样的方式，无论是能源的流向，还是储能装置，都可以被直接控制，从而简化能源交易的流程。

除此以外，能源交易中的资产转移也可以由智能设备控制，这样不仅可以保证资产的安全，还可以提升买方的支付效率，缩短卖方收到资产的时间。

综上所述，工业互联网技术在能源交易方面的应用优势很多。能源行业引进工业互联网技术是未来的大势所趋。

11.3　"能源+工业互联网"的发展趋势

工业互联网与能源的结合将推出一个新型网络体系——能源互联网，这一步的跨越将为能源领域的发展带来新的高度。未来，能源互联网将出现三大发展趋势：一是可再生能源的渗透率进一步提高；二是能源系统实现"即接即用"；三是动态行为渐趋复杂、多样。此外，能源互联网迎合了时代的发展，可以为政府、企业、用户带去福利。

11.3.1　可再生能源的渗透率进一步提高

可再生能源是来自大自然的能源，如太阳能、风力、潮汐能、地热能等。它是取之不尽、用之不竭的能源。对于能源互联网来说，可再生能源是其最关键的供应来源。因为可再生能源具有间歇性、波动性的特点，所以其大规模接入会对能源网络的稳定性造成严重影响。在这种情况下，传统的能源网络必须尽快完成向能源互联网的转型升级。

此外，可再生能源还具有分散性的特点，为了以最大的效率对其进行采集和使用，必须建立可以实时收集和使用能源的网络。一般来说，这样的网络规模比较小，分布范围广，可以构成能源互联网的节点。

当可再生能源渗透率逐渐变高，能源互联网的管理模式也将发生改变。而这种改变无疑会带来一些新的科学技术问题。对于科研领域的各企业来讲，这些问题就是未来需要攻克的难关。

11.3.2　能源系统实现"即接即用"

随着各个领域协同发展战略的实施，能源系统平衡发展的问题逐渐成为行业需深入研究的问题。如何做好能源规划和推动区域能源系统平衡发展，成为大多数企业重点关注的对象。

从宏观层面来看，能源互联网有四个要点：能源双向流动、对等、共享、扁平；从微观层面来看，能源互联网可以实现智能设备、储能装置、能源系统的"即接即用"，而且只要满足操作条件，这种"即接即用"就可以实现自动化和智能化。

另外，能源互联网的工作环境非常特殊，一般会涉及大量数据。尤其在可再生能源接入能源互联网后，不同来源的数据变得越来越多，如气象情况、用户使用习惯、能源储存状态等。

工业互联网时代，高级量测技术得到广泛应用，随之而来的是能源互联网中具有量测功能的智能终端不断增多。在运作的过程中，这些智能终端需要采集、分析大量的数据，从而使能源互联网的多源大数据特性进一步加强。

11.3.3　动态行为渐趋复杂、多样

能源互联网从空间层面来看就是一个系统，该系统不仅可以使能源、数据

与设备相结合，还可以实现物质空间、能源空间、信息空间，乃至社会空间的紧密联系。这个系统中也包含了各种各样的行为，如离散动态行为、连续动态行为、有意识行为等。

作为一个规模巨大的复合型系统，能源互联网与传统的能源网络有很大差异。首先，能源互联网的开放性更广阔，尺度也较为多样；其次，能源互联网的复杂性更明显，在空间和行为上呈现出强大的动态性。

在上述特性的助力下，能源互联网的优势已经显现出来。从政府的角度看，能源互联网可以充分利用可再生能源，满足用户的能源需求；从企业的角度看，能源互联网是一个比较广阔的消费市场，可以促进竞争力的提升；从用户的角度看，能源互联网可以在提供能源的同时实现能源的交换和共享。

针对能源互联网，美国著名经济学家杰里米·里夫金（Jeremy Rifkin）曾经说过："为了迎接新时代，我们需要建立能源互联网，让人们可以在自己的家中、办公室里创造能源。多余的能源则可以与他人交换和分享，就像我们在网上交换和分享信息一样。"随着科学技术的发展，以前人们很多的预测和想象都已经变为现实。相信能源互联网也一样可以将人们的想象变为现实。

第 **12** 章

智慧钢铁：工业互联网"进驻"钢铁行业

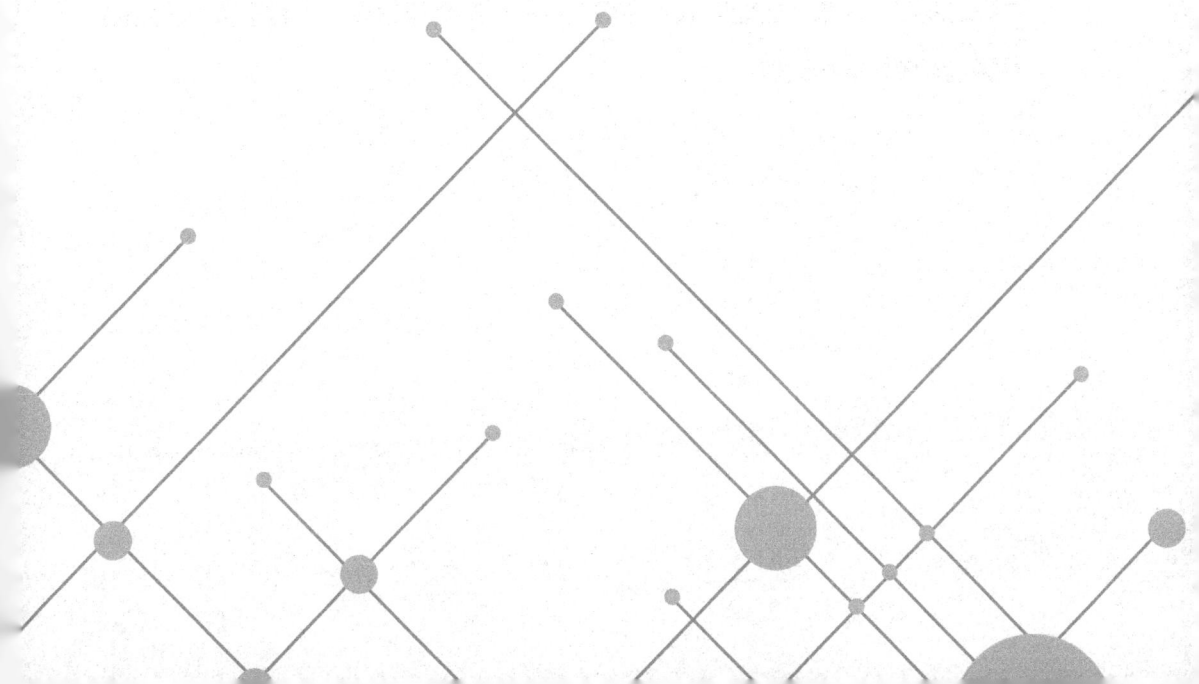

钢铁行业，素有"工业粮食"之称，在我国国民经济中具有重要地位。现如今，我国钢铁行业继续深入推进供给侧结构性改革，巩固去产能成果，加快结构调整、转型升级，推动全行业高质量发展，行业运行总体平稳。

　　对于钢铁行业来说，积极探索工业互联网有助于提高生产效率和流通效率，更迅速地实现转型升级，进而推动下游各个以钢铁为主要原料的行业更快、更好地发展。未来，工业互联网会切入钢材、建材等领域，对我国整个工业的发展起到较好的推动作用。

12.1 工业互联网与钢铁行业的化学反应

钢铁这种工业材料是无处不在的，与日常生活的方方面面都有关系。如楼房的搭建、手机与笔记本的生产、汽车的制造等都需要钢铁材料。钢铁行业与工业互联网技术的融合，将会给钢铁领域带来极大的发展。从钢铁产品的生产再到流通，其中每个流程在工业互联网技术的支持下都能大大提高效率。

总而言之，工业互联网下的钢铁行业和之前会有很大不同，如调动全产业链，变革购买行为，以及实现信息与数据的共享、交换等。

12.1.1 调动全产业链，变革购买行为

钢铁行业内的购买行为需要经历烦琐的流程。因为钢铁领域隐藏着非常复杂的产业链管理体系，包括生产制造、精细化加工、仓储管理、物流运输、售后服务等。

工业互联网打破了这样的局面，通过充分发挥自身强大的功能，把从原料到终端的整条产业链全部连接在一起。由此来看，工业互联网可以整合产业链中各个环节的资源与服务，这不仅有利于改善各自为战的现状，还可以有效避免重复和浪费的现象。

任何行业都拥有完整的产业链，钢铁行业当然也不例外。从原料到终端，其中囊括了很多细分的工作，如原料采购、销售管理等。通过工业互联网，钢铁企业可以将这些细分的工作转化为一个整体，并以更高的效率对其进行调动，从而缩短向用户交付的周期。

12.1.2 信息与数据的共享、交换

在传统钢铁领域内，产业链中各个环节的发展已经成熟完备，但仍存在数据的"孤岛现象"。因为在钢铁产业链中，其各个环节之间没有实现互联互通，所以在生产过程中会逐渐出现偏差，需要时常进行人工调整才可以保证企业的正常生产。因此，钢铁行业与工业互联网结合的首要任务就是打破数据的"孤岛现象"，将整条产业链串联起来。

找钢网在这方面做得非常出色，其核心目标是串联钢铁行业的一切。为了实现该目标，找钢网一直在研究和探索，并在产业链业务上不断发力，提供从原料采购到仓储管理、物流运输等环节的一站式服务，以及提供针对海外企业和下游企业的个性化服务。

此外，找钢网还积极引入先进技术，致力于数据平台的打造。借助找钢网的数据平台，钢铁企业可以进一步提升效率，并在分析各类数据的基础上进行更科学合理的决策。

最近几年，找钢网已经与多家钢铁企业达成合作，这些钢铁企业基本上全部使用了找钢网开发的钢铁助手 App。安装了钢铁助手 App 以后，钢铁企业的工人可以随时获取各个环节的重要信息，如钢材的储存情况、原料的规格和价格等。

过去，传统钢铁企业要想使产业链中的各个环节都实现串联可能会被当成无稽之谈。但由于工业互联网技术与先进设备的支持，现代化钢铁企业不仅连通了自身产业链的各个环节，减少了生产偏差，还将低效的线下管理转化为高效的线上管理。同时，企业还可以优化生产线的安排和调节，更利于提升钢铁企业的竞争力和市场地位。

12.2 工业互联网提升钢铁行业的竞争力

科学技术的高速发展给人们的生产生活带来了极大便利。在钢铁领域也是如此，工业互联网和钢铁行业的深度融合，可以促进钢铁行业的高质量发展，提升钢铁行业的竞争力。例如，可以充分释放钢铁行业的潜力，保证轧线的生产质量；可以高度整合资源，实现内部调节效率的提升；可以与渠道伙伴紧密合作，更全面地了解钢铁市场。

12.2.1 全自动化的轧线

早在 20 世纪 70 年代，钢铁行业就出现了半自动化轧线技术。虽然该技术在当时是设备、科技进步的一大体现，但这种半自动化的轧线不仅使生产质量令人担忧，还容易引发安全事故。所以，落实自动轧线技术一直以来都是各大钢铁企业想要追求的目标。

钢铁行业是国之重器，但在技术当道的时代，其前进的步伐却被不断放慢。之前，数据化、智能化是横亘在钢铁行业面前的大山，但这个大山如今正在被工业互联网剧烈撼动着，钢铁行业开始显示出真正的威力，轧线技术的生产质量也得以进一步提升。

在钢铁行业，工业互联网可以依托相关技术，将智能设备接入炼铁、炼钢、焦化等核心环节。与此同时，工业互联网还可以记录、收集、汇总及分析智能设备所产生的信息，并基于这些信息对生产进行监控、预警、调整。

在轧线管理方面，借助全产业链的智能设备，钢铁企业可以高效且精准地采集数据，从数据层面把控整条轧线，从而真正实现生产的数据化、智能化，提升轧线的生产质量。工业互联网为轧线涂上了一层"润滑剂"，不仅保障了其运转顺畅，还促进了钢铁企业的效益最大化。

以智能设备为基础，工业互联网不仅可以帮助钢铁企业通过完善的信息与数据管理体系对生产进行优化，还可以以数据化、智能化的模式创新产业链和轧线，推动规模效应和协同效应的发展。

12.2.2　打造全数据场景，创新内部效率

对于传统钢铁行业来说，其生产材料的质量与价格等信息是不透明的。这对于消费者来说是非常不便利的。所以，现代化的钢铁企业以突破传统企业局限性为入口，主动调节内部效率。找钢网就是一个依托自身强大的技术实力，成功转型升级和改革的钢铁企业。该企业利用工业互联网技术，将供给侧透明化，提升了内部调节效率，整合了生产的全要素。

拥有强大交互能力的钢铁企业往往可以获得丰厚的盈利。例如，当某种钢材的价格正在大幅度上涨时，钢铁企业能够根据市场情况把原料率先安排给相关的生产线。而找钢网就可以赋予钢铁企业这样的交互能力。

过去，钢铁企业只可以知晓自己的情况和数据，这样的局面如今正在被找钢网打破。找钢网与大量的钢铁企业进行合作，其中还包括一些非常知名的钢铁企业，这无疑为找钢网营造全数据场景提供了便利。

通过找钢网的全数据场景，钢铁企业可以准确判断出钢铁市场的未来走向，如下个月某种原料的价格，半年以后钢材的供需情况等。掌握了钢铁市场的未来走向，钢铁企业就能够制订更合理的生产计划，从而使流通效率和内部调节效率都得到大幅度提升。

12.2.3　打破行业壁垒，加强各方合作

我国经济正在由高速增长阶段转向高质量发展阶段，也正处在转变发展方式、优化经济结构、转换增长动力的攻关阶段。实体经济作为国家经济的主要支撑，钢铁行业必须坚持质量第一、效益优先的信念，为推动我国经济发展的质量变革、效率变革、动力变革做出卓越贡献。为了响应国家号召，结合工业互联网技术的科技钢铁企业先驱找钢网已经进行了缜密的布局。

在布局的过程中，找钢网重视外部合作，通过工业互联网加强与渠道伙伴之间的联系。在和上游的钢铁企业合作时，找钢网帮助其销售产品，并通过先进的数据分析技术为其进行科学合理的决策；在和下游的钢铁企业合作时，找钢网为其提供了包括加工、出库、销售在内的一站式服务，这在很大程度上提升了其整体效率。

目前，找钢网一直坚持工业互联网的核心宗旨，即致力于以更少的流通次数进行全要素的整合。找钢网始终扮演着"中间人"的角色，打破了钢铁企业间的界限，使各个钢铁企业之间的合作程度进一步加深，钢铁行业的经济进一步发展。

12.3 工业互联网让钢铁行业焕发勃勃生机

传统钢铁行业经常面临着钢材价格难上涨、销售业绩停滞不前、下游需求寡淡等问题，但与工业互联网的融合使钢铁行业又迎来了一个生机勃发的春天。

此次钢铁行业快速发展，很多钢铁企业把握住了机会，开始扩展销售半径，希望让自己的产品遍布更多地区。此外，在工业互联网的推动下，钢铁行业与金融业之间的贴合更紧密，交易安全也得到了保障。

12.3.1 销售半径得到极大扩展

工业互联网技术并不会帮助我国所有的钢铁企业全都实现销售半径的扩展，而是在基础利润的竞争环境下，对前面所提及轧线的生产质量、内部调节效率、与渠道伙伴合作的程度等因素产生影响。所以，有前瞻性的钢铁企业要想使自身的盈利情况进一步得到改善，不仅会加强这些因素的管理，还会将工业互联网与自身产业进行深度的融合。

更好的发展前景加上更丰厚的盈利，钢铁企业的整体实力才会不断提升，其销售半径也会持续加大。以前受运输成本等方面的影响，每个钢铁企业自己的销售半径有限；现在效益越来越好，钢铁企业也自然会扩展自己的销售半径。

当然，与扩展销售半径一同而来的还有越来越激烈的竞争。为了充分保证自己的优势地位，钢铁企业必须建立自己的品牌，树立良好的信誉和形象。在这方面，找钢网为钢铁企业提供有力的支持与帮助。

例如，考虑到季节和气候等因素影响，东北地区的钢铁工厂如果只在附近销售，肯定会面临巨大的压力。找钢网将东北地区的钢铁产品销售到安徽甚至云南，从而使钢铁企业不必再局限于以前那极短的销售半径。

找钢网在国内和国外都设立了服务机构，拥有丰富的渠道，可以把某个地区的钢铁产品以更具优势的价格销售到其他地区。这不仅打破了原有的地区限制，使以前不可能合作的钢铁企业实现了合作，还使整个钢铁行业变得更有活力。

12.3.2　新模式：钢铁行业+金融

短短几年的时间足以使钢铁行业发生翻天覆地的变化。其中，较明显的变化是钢铁行业与金融行业的联系更加紧密了，出现了"钢铁行业+金融"的新型运营模式。

现阶段，钢铁行业的交易方式主要是后结算，在这样的交易方式下，卖方提供的是服务，其所面临的风险并不是很大。而且如果遇到一些需要买断的钢铁产品，交易双方还可以通过期货实现对冲。

在钢铁企业内部，采购、生产、销售等环节可以高效配合，这也有利于规避风险，尤其是金融方面的风险。对于钢铁企业来说，这些都是风险管理机制的组成部分，可以有效防止自己陷入经济纠纷中。

但在工业互联网技术的支持下，交易支付的安全得到了充分保障。这样的形势也使钢铁企业愿意，并敢于将金融领域的主导权放在自己手中。各类金融衍生产品的诞生使钢铁企业可以从中受益，交易双方的风险得到了有效控制，利益方面则获得了双赢。

第 13 章

展望未来：洞悉 10 年后的工业互联网

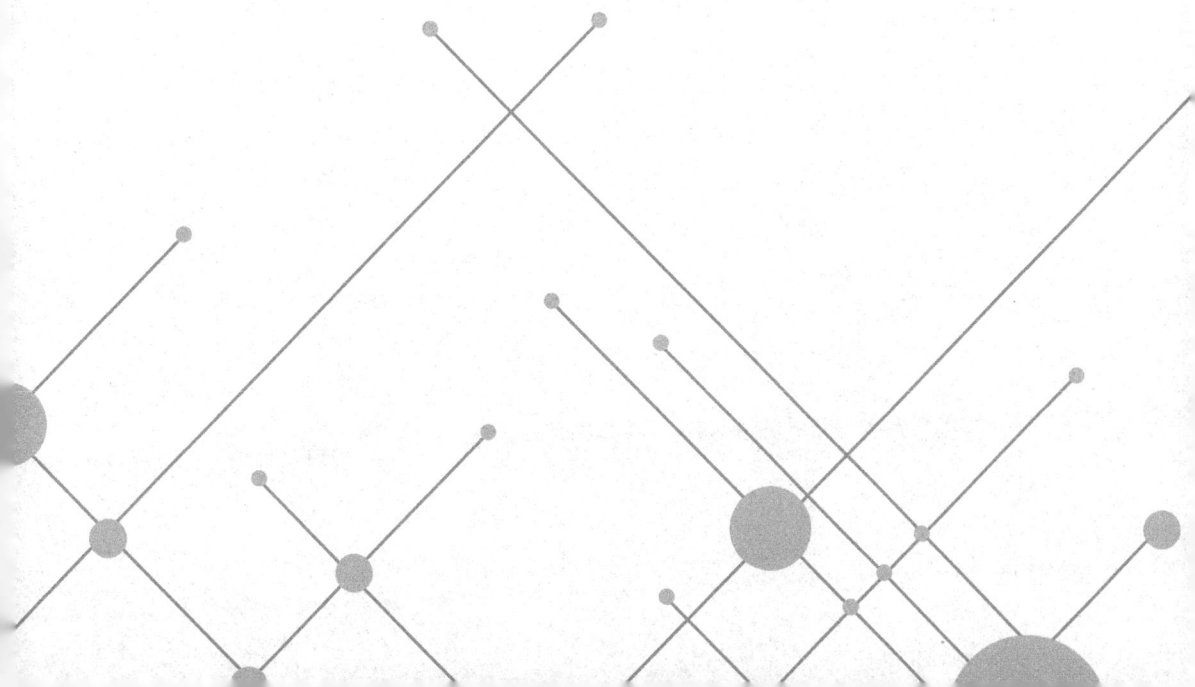

工业互联网是新时代通信技术与工业深度融合的全新产物。其通过劳动力、生产资料与设备的全面联合，实现了要素与产业链间的全面连接新应用模式，并将推动制造业形成全新的工业生产与服务体系。因此，工业互联网的概念无疑是未来相当长时间内我国科技发展的重点。所以我们非常有必要对其进行系统的研究，分析工业互联网在今后十年内的主要发展趋势，把握当中的机遇。

13.1 工业互联网的战略蓝图

从全球的经济层面来看，目前是各国迈向新发展阶段的关键时期。首先，前一轮科技革命明显减弱的传统动能规律导致了各国经济增长速度减慢；其次，以大数据和人工智能为代表的新一代信息技术的创新加速向实体经济领域渗透融合，深刻改变了各领域的管理理念与生产方式，带来了生产力的又一次跃迁。所以，现阶段全球国家的经济发展都面临全新的挑战与机遇。

在这种大环境下，在制造业急需智能化转型的带动下，有着全面互联、智能生产特征的工业互联网应运而生。目前，它正在全球范围内不断颠覆传统生产模式与管理理念，推动传统制造工业的转型升级及现代化产业的快速发展壮大。

13.1.1 工业互联网对 IP 化有强烈需求

提及 IP 化，有很大一部分人对此了解不多。通俗意义上讲，IP 化与品牌文化可以互作类比。虽然概念不同，但它们的内涵有非常多的重叠之处。IP 化指的是一个产品通过文化内涵来强化品牌力，从而谋求更多的商业利润的过程。

目前，在制造型企业中，用于生产的设备、生产出来的智能产品和进行远程维修的产品需要联网，这就导致了工业互联网对 IP 化有强烈需求。这些设备或产品在联网之前，企业最关键的一步就是拿到 IP。

这个 IP 主要是指 IPv6，目前我国很多制造业领军企业已经完成了 IPv6 的改造。向 IPv6 演进的地区主要分布在我国南方较发达城市中。在全球范围内，该项目也引起了很多国家的重视，如在美国和欧洲，IPv6 的应用非常广泛。由此可见，现如今整个制造行业都在向 IPv6 转换，以至于通信产业、芯片、路由器等设备也在进行 IPv6 的升级换代。

工业互联网是工业设备与通信技术的融合，工业设备的 IPv6 的转换在全球范围内的进展已小有成果，所以很多国家把目光转向了通信设备。工业互联网需要大量通信企业做支撑，所以制造型企业的工厂内的网络通信也一定会向 IPv6 演进。

从目前的情况来看，很多企业的通信网络还没有意识到 IP 化的重要性，还有些工厂的 IP 是隔离的，这就导致了企业的管理层无法有效控制各个环节，导致了互联网各部分数据交换效率低下等问题的出现。在工厂的实际运作中，生产链上的网络都是由多个控制环组成的，传统企业利用的 IPv4 网络会降低各个控制部分互通的效率。

所以对于想要快速进行工厂智能化转型升级的企业来说，与其将网络设置为 IPv4 再向 IPv6 过渡，不如直接设置成 IPv6，实现跨越式的发展。

13.1.2　灵活组网带动柔性制造

现阶段工厂型企业基本上都是运用"刚性生产"模式生产产品，甚至其互联网也是"刚性网络"。刚性生产指的是在制造过程中的工业设备与辅助工具等都需要按照预设的功能进行运作。

在工业互联网技术的加持下，未来工业生产将向大规模定制化发展。该趋势要求企业资源组织更加灵活、智能。以软件定义网络（SDN）为例，它是一款基础性的新型网络技术，可以帮助企业实现组织资源的动态调整，打破企业生产内部刚性组织的局限，以适应智能设备自生产线部署的需求。

由此可见，实现柔性制造的前提是灵活组网。企业需要通过进行网络形式的动态调整，以实现生产活动的灵活组织与设备的随时应用。其中，新研制出的 SuperTrak 就是已投入应用的柔性电驱输送系统（见图 13-1），它以改变生产线的设计为基础来提高其灵活性。

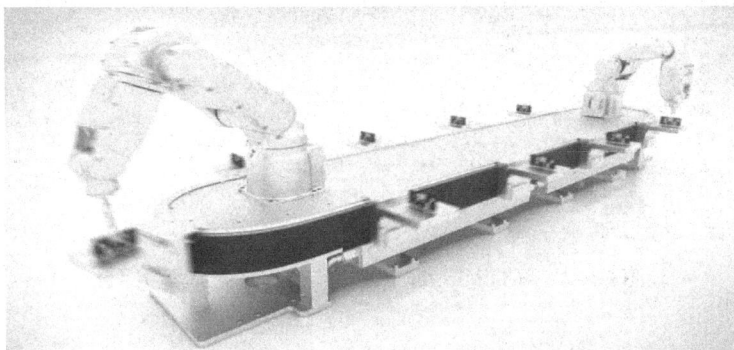

图 13-1　SuperTrak 与机器人构成柔性生产线

SuperTrak 柔性电驱输送系统具有以下几方面优势与特点。

（1）柔性协同性。SuperTrak 的软件在速度、间距等生产设置方面可以随意更改，足以应对生产过程中的突发情况。

（2）维护成本低。SuperTrak 拥有着极少的非接触性传输及机械组件，损耗极低。

（3）建模仿真程度高。SuperTrak 可以预先对新生产活动进行建模仿真，减少了测试浪费。

（4）生产质量高。SuperTrak 本身的稳定性可以有效降低生产中的波动带来的质量偏差问题。

（5）灵巧精致。SuperTrak 本身设计紧凑，大大降低了实际占用面积。

除此之外，还有新一代 ACOPOStrak 生产系统也具有强大的柔性。其轨道的形式更加多样（见图 13-2），它支持类似圆弧、直线等生产形式的多种组合。

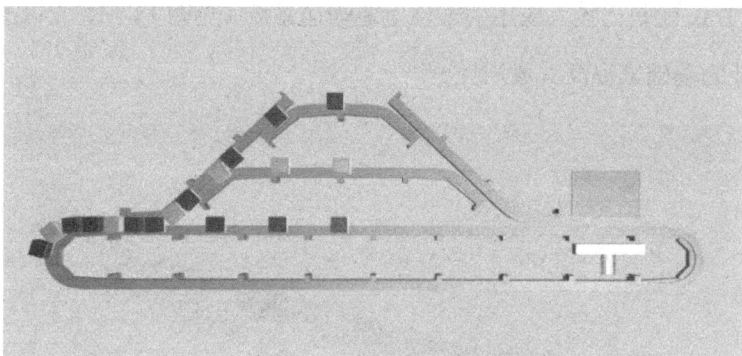

图 13-2　ACOPOStrak 的分流汇流带来产品柔性组合

ACOPOStrak 系统除了 SuperTrak 具有的特点，还增添了其他的优势：

（1）分流技术。在该系统支持下生产的产品可以智能发送至不同的生产线进行后续加工，如送至不同包装站等。

（2）汇流技术。该系统还可以将不同类的产品汇合至同一线上进行加工与检测。

SuperTrak 和 ACOPOStrak 的出现使得很多生产流程突破了传统性的设计，它们的发展将为制造业带来以下好处。

（1）简化生产流程。企业通过电磁一体化的传输系统，使整个工厂设备结构变得更加简洁，其组织过程也变得更加简单。

（2）可复用性。企业因生产需要的改变，可能会经常更换产品工艺。而基于这两种系统的生产线可以通过智能仿真模拟，拆分重组，建造新的生产流程以重复使用。

所以，在越来越智能化的工厂环境中，企业发展柔性制造是转型升级关键，也是大多数传统企业提高自身生产力的关键。

13.1.3　企业互联，打造"共创共赢"生态圈

在互联网时代，消费的主动权已经渐渐由企业转到用户手中。在用户需求日趋个性化、定制化的环境下，市场要求企业以用户为中心进行大规模定制化生产，也就是需要在生产链上的各个企业相互合作，打造"共创共赢"的生态环境。

下面将以海尔集团为例，分析该制造型企业是如何经过十余年的探索，从传统化工厂一步步建成互联工厂的。

20世纪80年代，海尔集团就创立了。凭借着其坚韧不拔的创新精神，经过将近四十年的自我颠覆才拥有了如今的庞大规模。在工业互联网技术快速发展的背景下，海尔提出了建设互联工厂的理念。但互联工厂并不单指一个多样化生产的工厂，而是指一个生态系统，是整个海尔集团生产全流程的颠覆。该互联工厂的概念集中体现了中国制造强国的战略核心，展开来讲分为以下两点。

（1）传统商业模式变革。互联工厂的本质是将生产重心转移到满足用户需求上来，发展供给侧改革。海尔集团的成功路径是"从产品到用户圈再到生态圈"的共创共赢发展。具体做法是：海尔通过商业模式的转型，构建基于用户智能生活的场景，提供最佳体验的生态圈。如从冰箱到其相关产品，只要生态圈足够大，其对应的盈利模式就能随之改变。

（2）传统制造模式变革。现阶段，根据人们的需求，大部分制造型工厂都在从大规模生产向大规模定制转变。该转变满足了用户的透明化、可视化体验。目前海尔集团也推出了三种定制模式——模块定制、众创定制和专属定制，来提升用户的体验。

海尔集团的大规模定制与传统定制是有区别的。传统定制依旧是一次性购买交易，而海尔则是根据生活场景来定制体验，可持续迭代。以"天铂一代"空调为例，该款产品海尔采用用户参与设计形式，在网络上发布需求，吸引用户进行虚拟设计，再将碎片化需求整合，最终制作出成品，其全过程是透明可视的，并且通过该设备，还可以从用户端收集数据，实现持续迭代。

目前，海尔集团已经初步建立起了互联工厂体系，搭建了基于数字平台的三类互联模式，即用户、设备、流程，使全球用户都能够通过定制的全流程得到最佳体验感。海尔设置的透明工厂还可以让用户实时观看到生产制造的场景，客户对产品质量安全放心。

最后将介绍海尔的互联工厂模式为家电业的其他企业的转型升级提供的借鉴和示范。互联工厂的核心利用的是以用户为中心的互联网经济模式，更加高效率、高精准度地满足用户需求。与传统的大规模制造型工厂相比，互联工厂的数字化、智能化的转型升级，将与用户端之间零距离互联，从而打通整个价值链，形成高效运转的消费生态圈，实现整个产业链的升级。

海尔互联工厂的实践不仅是其企业的自我颠覆，也是对家电行业的引领，使我国家电制造业的产品具备更多质量、技术方面的竞争优势。海尔创新管理模式是实现智慧工厂与智慧生活先进性的基石。其全流程的自我管理使产品更接近用户，为用户提供更多服务，同时极大地满足了交易双方的需求。

以上是海尔在互联工厂上的探索和实践。下一步，海尔还将继续以用户为中心，通过更快满足用户个性化体验的方式来提高企业竞争力。对用户来讲，海尔集团推出的新理念真正实现了他们与产品的零距离接触。对企业来说，该新模式颠覆了传统家电行业的制造体系，为该领域的实践主体起到了示范作用；对国家来讲，互联工厂将会带动整个行业的转型升级。

海尔集团通过管理模式及技术体系的创新实践，初步构建了企业互联，打造了"共创共赢"的生态圈体系和业务模型体系。其成功的发展路径为更多制造型企业的升级转型提供了可借鉴的有利价值。

13.1.4　越来越完善的技术体系

现如今，全球正处在新一轮科技革命和产业变革的历史关键期，以人工智能、云计算、大数据为代表的新型通信技术与实体经济深度融合，工业经济也将加速向智能化方向发展。并且，伴随着工业互联网的快速发展，我国出现了越来越多的工业生产设备与平台，制造业的大环境正在向开放、互联进步，我国工业技术体系也将越来越完善。

为此，我国政府部门也十分重视工业互联网的发展。日前，中华人民共和国工业和信息化部坚持以习近平新时代中国特色社会主义思想为指导，深入贯彻落实党中央的决策部署，加快完善工业互联网技术体系，提升其安全保障能力，全力保障我国工业经济快速平稳的发展，为促进我国国民经济高质量发展起积极推动作用。以下就是工业互联网体系改革的重点。

（1）完善制度标准体系。目前，我国已经出台了许多关于加强工业互联网安全方面的指导意见，旨在构建企业负主责任、政府负责监管的完整管理体系。

（2）突破关键技术。工业互联网要想实现快速发展，突破关键技术、补齐短板、强化安全防范手段是建设的核心。

（3）构建安防体系。为推动企业增强安全防护意识、提高安全防护能力，工业互联网需要加快建成覆盖我国大面积的安全技术防控体系。需要从设备安全、控制安全、网络安全、平台安全和数据安全五大方面全程设置安全防线，构建强有力的国家工业互联网安全技术防控体系。

（4）强化支撑保障。龙头企业在工业互联网领域的快速发展与中小型企业的快速融入都离不开科技型人才的支撑保障。为实现扩大工业互联网技术产品研发和推广的格局，我国需要加快培养更多综合型科技人才和技术骨干，为工业互联网技术体系的完善提供有力保障。

（5）深化国际合作。为了充分发挥工业互联网产业联盟的作用，我国需要积极与国际组织、标准机构和跨国企业之间加深合作。共同构建共同协作的工业互联网产业发展共同体，全面打造深入、多元的工业互联网开放发展格局。

相信通过我国不断释放的政策红利及不断涌现的技术型人才的支持与保障，在不久的将来，我国工业互联网体系将会日臻完善，为我国制造业经济的发展提供不竭动力。

13.2 下一波生产力的大爆发

从经济社会产生伊始至今世界经历了无数的创新与变革的浪潮。因此可以得出结论，企业要想获得成功，最基本的就是学会适应不断变化的环境并在这些浪潮中前行。现如今，世界也正处于新一阶段创新的风口浪尖，下一波生产力也即将迎来一场大的爆发，这场爆发有望改变现代社会的商业模式和工业领域的交互方式。

13.2.1　整合虚拟世界与物理世界

"互联网+"是各国近些年要发展的重点，因为它可以与传统行业融合。归根结底，"互联网+"与传统行业的融合就是数字世界与物理世界的融合。

通用电气、美国通讯企业 AT&T、思科、IBM 和英特尔联合成立了工业互联网联盟，主要目的是促进物理世界与数字世界的融合，为"互联网+"提供技术支持。无论是政府还是公司都在为"互联网+"站台，显然是为了连通物理世界和数字世界。那么连通后的物理世界和数字世界又是什么样的呢？答案就是工业互联网，如图 13-3 所示。

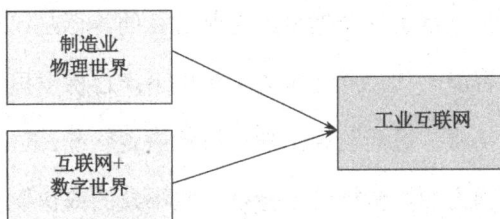

图 13-3　工业互联网的两大构成

通过将物理对象与网络空间的全部力量相连接，工业互联网有望大幅改变人类与技术的互动方式。此外，与工业互联网相关的产品和系统可以转化成智能制造、卫生保健、运输和其他领域的新就业岗位。包括"互联网+"、工业 4.0 在内的通过技术变革，提高生活水平的方法，其实与第一次工业革命、第二次工业革命、第三次工业革命没有太大差别，唯一的不同点就是目前我们所做的努力都是建立在前三次工业革命的基础上。

百度董事长兼首席执行官李彦宏这样解读"互联网+"，他说："所谓'互联网+'，就是任何一个垂直行业跟互联网进行结合，效率会有很大的提升，尤其是对于我国而言，我们的市场经济只有几十年的历史，我们传统产业和主流产业的运营效率跟美国等发达国家相比还是有差距的，在这样的情况下用互联网的方法再重新做一遍，我们有可能能够超越其他的国家，使得各种产业变得更有效率。"

要实现"互联网+"和制造业的融合，必须选择一个路线，即拥抱大数据。打通物理世界与数字世界离不开对大数据的挖掘。鉴于此，李彦宏把我国的物流业与美国的物流业进行了数据对比。他说："中国的物流成本占 GDP 的 18%，美国占 8%。我们的物流成本太高，其原因是效率太低，公路上的货车有 40% 是空跑的。所以为什么同样的东西，在我国买比在美国买还贵，就是因为中国运输成本高。"

正如李彦宏所说，尽管这个案例不是制造业的，但是比制造业的案例更有参考价值。在人工智能时代，通过苹果手机拍下产自佛罗里达的柑橘，然后通过系统估算出它的热量，进而监控用户一日的进食状况。这从概率的角度来讲是可以的实现的，因为购买柑橘时不会挑一些不熟的或快要变质的。但是这种方法只是通过对柑橘的外表颜色进行估计，所以误差还是相对较高的。

对于上述情况，以色列团队开发出一款分子扫描仪 SCiO。SCiO 小如一只 U 盘，但其功能与 U 盘有着天壤之别。SCiO 在对柑橘进行扫描时，会射出一束蓝光来检测锁定柑橘内的振动频率，这个振动频率被科学家称为"化学指纹"。然后通过手机 App，向用户解析柑橘的内在成分，包括准确的热量和糖分含量，而且还能检测出农药残留等。

这样去水果店时只需要拿着小小的 SCiO 轻轻一扫，就能检测柑橘是不是足够甜，甚至可以挑出一枚果肉和"颜值"都足够优秀的柑橘。这就是物理世界与数字世界深度融合的情景。

13.2.2 工业互联网影响全球的发展

随着老龄化的加剧，各国都出现了劳动力价格上涨、经济放缓等诸多问题。所以，劳动力需求大的制造领域在全球范围内的竞争也更加激烈。各国大力发展工业互联网，就是要通过先进的信息处理技术，连接客户端与企业端，进一步提升整个生产活动的运营效率，帮助企业快速获得客户需求，提高盈利，进而提升本国的综合竞争力。

德国提出"工业 4.0"的概念引起了世界各国的巨大反响。为了应对下一次的生产力大爆发，保证本国在世界的经济地位，各个国家纷纷出台了相应的政策。例如，美国的工业互联网、我国的中国制造强国战略、日本的数字化制造等。工业制造的升级改革涵盖了大数据、物联网、云计算、3D 打印、人工智能等多项高新技术领域，通过这些新型技术的融合，各国的制造业能发挥更大的产能。

目前，很多企业已经开始着手工业互联网的布局——GE 推出 Predix 平台、西门子的 MindSphere、倍加福的传感器 4.0 系统产品等，这些都体现了制造业智能化的新趋势。所以，下面将分析工业互联网的升级是如何影响全球经济发展的，如图 13-4 所示。

第一，工业互联网加速产业链全球化。现阶段，交通与通信技术的发达与成熟给国际交流带来了巨大的便利。无论是海、陆、空任何一个领域，交通设备都在不断完善中，如无人机送货、无人货船、送货机器人、智慧物流系统等，它们的出现正在改善着全球物联运输的效率。随着经济市场贸易信息交流需求的增加，并且基于发达的物流系统的支持，更多的企业已经进一步扩大了自己的规模，进行了海外市场的拓展。

图 13-4　工业互联网加速制造业全球化

事实上，随着全球化的步伐加快，制造行业的供应链也在进行全球化的发展。举例来说，一个产品可能由美国进行设计，由中国制造零件，在德国进行装配。每一天，物流公司都在进行各种货运、空运等业务，为制造业的全球化进程提供全面的服务。

第二，工业互联网不仅是工业变革，更是模式创新。每次的工业变革都会给全球经济带来质的飞升。2011 年，德国政府与西门子就已将"工业 4.0"战略公之于众，该战略将利用新型通信技术，打通设备与人之间的界限，搭建完整的信息管理体系，从而实现透明化的生产。在"工业 4.0"战略的指导下，全球制造业将从传统模式转型为数字化模式，形成一整套虚实结合的生产系统，如图 13-5 所示。

图 13-5　虚拟现实在工业中的应用

所以，随着 IT 与 OT 技术的融合发展，许多企业开始寻找新的方式来连接设备与人。通过物联网收集数据资料，经过整理与分析形成完整的生产信息，进而使企业运营效率最大化。

第三，工业互联网将给全球制造业带来全新的商业模式。世界各国的界限正变得模糊，在工业互联网时代，企业的运营与管理也将受到一定影响。随着全球信息管理系统的发展，企业间更能充分实现跨国合作。通过使用云平台，全球任何位置的任何人都可以为设计做出贡献，所以企业可以充分利用各地的优势，实现分布式生产，增加企业利润。

这种商业模式通过改变劳动力和增加服务来帮助企业获得更多的效益，更加符合新时代的需求，同时也对经济全球化有充足的推动力。

最后，工业互联网将会提升企业的国际竞争力。工业互联网使制造业各环节具备了连通性，这意味着企业将能轻松利用到全球资源，将规模扩大到海外，从而形成全球化竞争格局。企业必须重视不断变化的市场需求，通过提升机器的技术来提升生产效率（见图 13-6），结合柔性生产来缩短生产周期，让企业快速占领细分市场，进一步提升企业的国际竞争力。

图 13-6　高技术机器可以拼魔方

预计到 2050 年，工业互联网及其相关产业领域将达到全球每年产生十一万亿美元的收入。到那时，全球工业互联网对应的产业增加值将达到八十万亿美元规模，占当年国内生产总值的一半。

工业互联网技术的发展与应用为全球经济增长开辟了新的空间。但是，创新驱动仍然是全球经济发展的关键。缺乏合适管理与生产模式的企业，如果盲目跟风反而会事倍功半，只有根据自身的实际情打造出的合理商业计划才能使企业"涅槃"。互联网企业的成功难以复制，唯有创新永恒。我国发展工业互联网经济也要结合我国国情，走出一条具有我国特色的经济发展之路。

13.2.3　如何走好人类进化的关键一步

工业互联网的概念首先是全球观，它是基于全球综合实力被定义出来的，并不是所有的国家与企业都必须按部就班地来发展此项技术，它目前只是自证合理的工具。在积极参与的过程中，我国企业要明白，这是一个从观念到行为建立新秩序的过程。这关乎着人类如何平稳走向接下来的关键生产力改革时期。

以德国为先导的工业 4.0 举例，它预示着未来很多年的工业经济趋势。它目前提出的概念远远超过了智能工厂与数字技术的范畴。因此，我国制造业必须建立自己的参与策略，包括工业治理结构、治理目标与方法等，只有这样才可能在未来新的经济秩序中突出我国的贡献。

市场的竞争中始终遵循一个原则，即要么创造新体系，要么被旧体系奴役。作为工业技术强国，德国多年来一直注重互联网与制造业的发展。物联网的到来终于给他们带来了重新制定"游戏规则"的突破口，由此便产生了"工业 4.0"战略。它发挥了德国强大的工业技术优势，顺应人口老龄化和劳动力价格上涨的趋势，创造出了德国能够主导世界的工业经济规则。

我国作为制造业大国，目前正处在工业发展的攻坚期。当初，ERP 的应用就使很多企业倒在了管理模式转型的道路上。使用过 ERP 软件的企业都有所了解，它委婉地要求企业的管理模型从毫无章法的"跳棋"改为有秩序的"象棋"。ERP 软件是从传统企业内部开始整改，逐步蔓延到人事、财务等职能部门。也就是说，在 ERP 模式下，企业的管理理念和运营系统都会随之改变。那些失败的企业则败在了无法平衡这两种管理文化的冲突。然而，工业互联网的到来只会更加汹涌，它不仅改变了企业的生产模式，还要修改整个供应链系统的 DNA 结构。

所以，未来二十年，要想在工业互联网时代走好关键一步，企业与政府就需要遵从以下几个发展要点（以我国和德国为例）。

（1）摆正技术背后的价值观。国情决定价值观，德国要解决劳动力稀缺与价格上涨的问题，我国要保障充分就业。这样才能保证国民经济健康可持续发展，缩小贫富差距。

（2）保障数据信息的归属与使用权。到工业 4.0 发展的中后期，简单的信息没有商业价值，有价值的是流程、资产等信息。换个说法就是一部写满字符的"武林秘籍"没有价值，有价值的是战斗中总结出来的应对方法。因此，信息的归属与使用权在未来必须得到有力保护，这对系统开发商和应用企业的价值交换有很大帮助。

（3）联合开发、共同制造的联盟策略。工业互联网是一个成长的有机体，它需要全球各国之间的高度合作。因此，一定要预防它成为一方向另一方营销新技术设备的"特洛伊木马"。我国企业不能忘掉太阳能产业发展的历史教训，不能让欧洲企业通过技术的更新刻意控制中国企业对新设备的需求。这样我国制造业就会显得被动，国民经济也将会被拉开差距。

（4）技术创新的知识管理系统的合作。管理方法随生产方式的改变而改变。20 世纪初的工业流水线标准化生产激发出泰勒管理方式，而工业互联网必定会带来全新的管理理念和创新机会。掌握一手信息的企业有义务向生态圈中的利益相关者开放源代码，方便兼容创新。一个公平合理的知识与技术转让平台也有利于产业生态的繁荣昌盛。

总的来说，工业互联网的发展涉及理想价值观、市场的权力分配、归属与结盟的仪式及信息合作等。只有把握好工业互联网这个时代机遇，人类才有可能在接下来的生产力大爆发中实现跨越式前进。

反侵权盗版声明

电子工业出版社依法对本作品享有专有出版权。任何未经权利人书面许可，复制、销售或通过信息网络传播本作品的行为；歪曲、篡改、剽窃本作品的行为，均违反《中华人民共和国著作权法》，其行为人应承担相应的民事责任和行政责任，构成犯罪的，将被依法追究刑事责任。

为了维护市场秩序，保护权利人的合法权益，我社将依法查处和打击侵权盗版的单位和个人。欢迎社会各界人士积极举报侵权盗版行为，本社将奖励举报有功人员，并保证举报人的信息不被泄露。

举报电话：（010）88254396；（010）88258888

传　　真：（010）88254397

E-mail：　dbqq@phei.com.cn

通信地址：北京市万寿路 173 信箱

　　　　　电子工业出版社总编办公室

邮　　编：100036